あなたも明日は裁判員!?

飯　考行
裁判員ラウンジ
編著

日本評論社

はじめに

この本は、裁判員を担う市民向けの、裁判員制度の現在・過去・未来についてのガイドブックです。実質的には、裁判員ラウンジのいわば紙上版といえる内容になっています。裁判員ラウンジとは、裁判員経験者に体験談を語っていただいて、それをもとに裁判員制度に関心を持つ人びとが自由に対話するという２０１４年12月より3か月ごとに継続している集会です。毎回、メインスピーカーの裁判員経験者などを探すことに苦心して自転車操業のような状態ながら、市民（裁判員候補者を含む）、裁判員経験者、学生（高校生から法科大学院生まで）、法学研究者、弁護士、裁判官などの来場があり、体験談と対話が重ねられてきました。本書は、参加者のひとり日本評論社の荻原弘和さんより、口頭のやりとりで終わるのはもったいないとお声がけいただき、裁判員制度施行10年を機に発刊にいたりました。

執筆者のほとんどは、裁判員ラウンジの参加者です。裁判員を経験した方々には、体験談を綴《つづ》っていただきました。その他の方々には、裁判員をまだ務めたことがない方、実際に経験した方など、さまざまな方々にこの本をお読みいただけるよう、そもそも裁判員制度とはどのようなものか、裁判員裁判にたずさわるのはどのような人たちか、裁判員経験者に関する市民団体にどのようなものがあるか、裁判員裁判はどのような実施状況にありどのような問題が論じられているかなどについて、平易に記していただいています。

私は、裁判員制度について、司法制度改革の一環として司法の国民的基盤のテーマが議論され、その構想が浮上した2000年から、関心を持っていました。その関心は、2009年に裁判員裁判がスタートし、実際に法廷で傍聴してから、さらに高まりました。裁判員裁判を傍聴して印象的なのは、人の話を聞いて判断する裁判であることです。法廷で語られる被告人、弁護人、検察官、証人や被害者などの声が、しっかりと裁判員と裁判官により受けとめられ、その他の証拠とともに吟味されて慎重な判断につながっていることが、肌で感じられます。

しかし、裁判員を務めた方々がどのようなことを感じ、考えているのか、話を聞きたくても、その機会はほとんどありません。裁判員ラウンジを始めたきっかけは、裁判員を経験した方々の話を身近にうかがうことにありました。毎年、1000件前後の事件が裁判員裁判で審理され、1件あたりを裁判員6人と交代要員の補充裁判員2人程度が担当します。そのため、裁判員と補充裁判員を経験する市民は、毎年1万人ほど増えているはずです。ただ、1万人といっても、日本の人口に占める割合はわずかに過ぎません。裁判員制度は実施からさほど年月を経ておらず、家族や知り合いで裁判員を務めた人は少なく、裁判員制度自体もいまだ身近ではないように思われます。

本書が、この10年の間に裁判員を経験した人、これから裁判員を経験するかもしれない人や、実務法律家にとって、裁判員制度を身近にとらえ、考えるきっかけになれば、これに勝る喜びはありません。最後になりますが、本書の執筆をご快諾いただいた方々に、心よりお礼申し上げます。また、本書を人の温か味にあふれる素敵なイラストで飾ってくださったイラストレーター・かわいちひろさん、本書の企画・編集を全面的に担当してくださった荻原弘和さんをはじめ株式会社日本評論社の関係者の方々にも厚くお礼申し上げます。そして、裁判員ラウンジでメインスピーカーを務めていただいた後に永眠された、裁判員経験者の小田篤俊さんと、守屋克彦弁護士・元裁判官に、本書を捧げたく思います。

専修大学法学部教授　飯　考行

目次

第Ⅱ部▲もっと知りたい！　裁判員制度　143

第I部

知ろう！語ろう！
裁判員制度

1 裁判員制度って何だろう

「裁判員制度って何ですか」と問われたら、あなたはどれくらい答えられますか。10歳代、20歳代の方は、物心ついたときから裁判員制度という言葉を聞く機会があったでしょうから、学校で習ったり、調べたりして、ある程度ご存知かもしれませんね。しかし、多くの方は、始まった覚えはあるけれどまだ続いているのかと、関心が薄れているかもしれません。そこで、裁判員裁判とは何か、どのような経緯で導入されたのかなどを、確認しておきましょう。

▼裁判員制度の概要▲

裁判員裁判は、市民の司法参加制度のひとつです。市民の中からくじ引きで選ばれた裁判員が、裁判官と他の裁判員とともに、罪の重い刑事事件の裁判で、被告人が有罪か無罪かと、有罪の場合の刑罰を決めます。裁判員は、衆議院議員選挙の選挙権を持つ20歳以上の国民から毎年選ばれ、原則として裁判員6人と交代要員の補充裁判員2人ほどが、裁判官3人とともに、1つの事件を担当します。2009年にスタートしてから、毎年、1000人ほどの被告人が裁判員裁判で審理されています。

裁判員に選ばれるのは、どのような人でしょうか。例えば、高校を卒業していなければ、裁判員になれないのでしょうか。裁判員の参加する刑事裁判に関する法律（以下、「裁判員法」という）によれば、原則として義務教育を修了していれば、つまり中学校を卒業していれば、裁判員になることができます。身体や聴覚に障がいのある人でも、裁判員の職務の遂行に著しい支障のない限り、選ばれる資格があります。他方、事件関係者や、一定の職業に就《つ》いている人（国会議員、弁護士や自衛官など）は、裁判員になることができません。

裁判員に選ばれると、国民の義務として、裁判所に出向き、裁判に立ち会い、判断を行うことを求められます。しかし、辞退できる理由はいくつかあります。例えば、学生、70歳以上の人や、裁判員を務めてから5年以内の人は、申し出により辞退できます。また、重い疾病または傷害で裁判所への出頭が困難なこと、同居する親族の介護または養育を行う必要があること、事業に著しい損害の生じうる重要な用務や、父母の葬式への出席その他の社会生活上の重要な用務、妊娠や、精神上・経済上の重大な不利益なども、辞退の理由になります（裁判員を辞退しうる理由、いわゆる「辞退事由」についての詳細は、裁判員法16条をご確認ください）。

裁判員が加わって判断するのは、死刑か無期懲役・禁錮のありうる罪か、故意の犯行により被害者が死亡した罪の事件です。実際の裁判員裁判では、殺人、強盗致傷（強盗の際に人に傷をつけた場合など）、傷害致死（人にケガをさせて死にいたった場合など）、現住建造物放火（人の住む家に火をつけた場合など）や、覚せい剤密輸の事件が多く見られます。裁判員を務める市民にとっては、窃盗などのより軽い罪の事件が適当ではないかという声がよく聞かれます。しかし、前述したような罪を対象にするのは、重罪事件は社会の重大事で市民の関心が高く、有罪かどうかと刑罰の判断に慎重な判断が必要であるという考慮によります。

▼裁判員制度の沿革▲

裁判の判断は難しいので、プロの裁判官だけに任せておけばよいのではないかと思われるかもしれません。司法の役割は、憲法と法律などのルールに基づいて争いごとを裁定することにあり、少数者の人権の保護も関わるため、たしかに専門的な知見が求められます。しかし、司法は社会と無縁ではありません。ルールに基づいて裁定する際に、時代に応じた社会の見方を取り入れなければ、適切な判断にいたらない危険性があります。司法に市民が参加して、生きた社会をかたちづくる市民の新鮮で多角的な見方を反映することが求められるのは、そのためです。

何らかの市民の司法参加制度は、諸外国に見られます。歴史をたどれば、イギリスにあった陪審制度（原則として12人のくじで選ばれた市民が陪審員を務めて、刑事事件で有罪か無罪かを全員一致で決めるほか、民事事件で損害賠償請求事件の裁判でも判断します）が、フランス革命などを通じてヨーロッパ大陸国へ導入されたほか、植民地支配を通じてその他の国や地域に広がりました。ヨーロッパ大陸では、参審制度（市民から団体推薦やくじで選ばれた市民が参審員を務めて、刑事事件で裁判官とともに有罪か無罪か、有罪の場合の刑罰を多数決で決めるほか、国により労働・行政事件の裁判なども判断します）を行う国もあります。その他に、旧・現社会主義国により、人民参審員制度という独特の方式が採用されています。日本でも、第二次世界大戦前の一時期、刑事事件に陪審制度を導入していました。裁判員制度は、陪審制度と参審制度をミックスした制度といえます。

裁判員制度は、平成の司法改革の一環として導入されました。司法改革は、先行した行政改革や政治改革とともに、規制緩和とグローバル化への対応の流れの中で、司法に国民の視点を取り入れて質量ともに増強することを目指したものです。冤罪《えんざい》の防止や、「調書裁判」と称される捜査段階での供述調書に依存する傾向の裁判の改善も要請されていました。内閣の司法制度改革審議会で、司法の国民的基盤のテーマで検討が進められた結果、刑事訴訟手続において、一般の国民が裁判官とともに責任を分担しつつ協働し、裁判内容の決定に主体的、実質的に関与することができる新たな制度を導入すべきであるとして、裁判員制度の骨子が提案されました。その後、司法制度改革推進本部の裁判員制度・刑事検討会で肉づけされて、与党審査と国会審議を経て、２００４年に裁判員法が定められたのです。

▼裁判員制度の意義▲

裁判員法によれば、裁判員制度の趣旨は、国民の中から選任された裁判員が裁判官と刑事訴訟手続に関与することが司法に対する国民の理解の増進とその信頼の向上に資することにある、とされています。その後、裁判所の判決理由の中で、裁判員制度について、国民の視点や実務法律家の専門性が常に交流することにより、相互の理解を深め、それぞれの長所が生かされるような刑事裁判の実現を目指すという意義が述べられています（最高裁判所2011年11月16日大法廷判決）。また、裁判員候補者通知に同封されている最高裁判所前長官の挨拶文の中では、価値観の多様化、相対化の進む現代において、事件の真相をとらえ、多角的な視点から検討を加えて質の高い裁判を行うことが求められており、裁判員制度は、国民のさまざまな視点を審理に反映することを可能にする制度で、そうした裁判を実現するうえで大きな助けになっている旨が記されています。

実際の裁判員裁判は、捜査で作成された被告人の供述調書などを重視する従来の書面主義の傾向から、法廷で証人や被告人が述べることを重視する口頭主義へ変わり、人の話を聞いて判断するものになっています。こうしたことから、裁判員制度は、裁判の実績を重ねる中で、多角的な視点から口頭主義のもとで刑事裁判の質の向上をはかる意義を帯びているのです。

▼裁判員制度の現状と課題▲

裁判員制度は、2009年の実施以降、ほぼ順調に運営されているように見受けられます。裁判員裁判の判決内容は、全体的に、裁判官のみの裁判と大きな違いはありません。無罪率は、裁判官のみの裁判で０・６％だったところ（２００６年～２００８年）、裁判員裁判で０・９％となっています（２００９年～２０１８年）。微増にしろ、裁判員は、「証拠に基づく裁判」、「有罪判断には合理的疑いを入れない程度の検察官の証明が必要」、「疑わしきは被告人の利益に」の原則に基づいて、慎重に事実を認定し、無罪にしている表れと思われます。量刑は、性犯罪について裁判員裁判で重罰化傾向があり、その後、性犯罪の刑期を長期化する刑法改正にいたりました。弁護人の働きぶりにより、判決が軽くなるという指摘もあります。裁判員が、法廷で示される証拠や、被告人、証人、被害者、弁護人や検察官の発言や主張を注視して判断している様子がうかがえます。

やや細かい点を記せば、裁判員制度については、実施後の裁判例で、憲法に違反しないこと（最高裁判所２０１１年11月16日大法廷判決）、控訴審（裁判官のみの審理）が裁判員裁判の判決に事実誤認があるというためには、論理則、経験則等に照らして不合理であることを具体的に示すこと（最高裁判所２０１２年２月13日判決）、これまでの量刑の傾向から踏み出し検察官の求刑を大幅に超える量刑をする際には、具体的、説得的な根拠を示すこと（最高裁判所２０１４年７月24日判決）、などが判示、要請されています。

その他に、裁判の前の捜査段階において、刑事訴訟法改正で、裁判員裁判の対象となる事件については、取調べ状況を原則として録音・録画することになりました。裁判員制度は、取調べの可視化、透明化のほか、裁判内外のさまざまなことに影響をもたらしています。裁判員を務めた人の95％以上は、刑事裁判に参加したことが良い経験だったと答えています。また、世論調査によれば、市民の中で刑事事件の報道に関心を持つ割合が増えています。教育面でも、教育指導要領改訂により、中学・高校で裁判員に関する教育が必須化されており、裁判員制度を通じて法教育が進められています。

他方、裁判員制度には、さまざまな問題や論点が指摘されています。２０１５年の裁判員法改正では、公判審理の期間が極めて長期間におよぶ事件は裁判官のみの裁判で実施できること、東日本大震災のような甚大な災害発生等の非常事態時の裁判員等選任手続の工夫（呼出状を送付しない、辞退事由の類型として規定）、裁判員選任手続における被害者等に対する配慮義務が盛り込まれました。その他に、裁判員を務めることに市民が消極的な傾向、裁判員に選ばれても辞退する人の増加、裁判員選任手続への無断欠席の増加のほか、裁判の長期化傾向、対象事件の種類、裁判員候補者の個人情報公表禁止や裁判員の評議内容の守秘義務のあり方なども、対応すべき課題として挙げられています。これらのことがらにどのように対応するかは、裁判員法のさらなる改正や運用の変更を含めて、今後の課題となっています。

飯　考行（専修大学法学部教授）

ひと山なんぼの裁判員

① 裁判員は偉いのか⁉

裁判員裁判も始まって10年になります。私のような初期の頃（２０１０年経験）の経験と違って、最近の裁判員裁判はだいぶ変わってきているようです。そんな中、私が変わらず気になっているのは、経験者を含む裁判員の姿勢です。

先に言っておきますが、裁判員はただの一市民です。ところが、裁判官はじめ裁判所職員、法廷での検察官や弁護人、はたまた経験後の取材などで接するマスメディアなど裁判員を取り巻く周囲の扱いが本人の自己認識を無自覚に押し上げていってしまいます。何よりトドメは、法廷内で一段高い法壇に座ることで被告人席や傍聴席など法廷を見下ろす視点で過ごすことです。これにより、どこかで「自分は特別？」、「裁判員は偉い？」という幻想の権威にとり憑《つ》かれることがしばしばあります。

裁判員がトイレに行きたくなったり、気分が悪くなったりしたことを訴えただけで休廷となり審理がとまります。裁判員の発言を制止されることはほとんどなく、法廷でも評議室でも言いたいことは全て言えます。中には、法廷で被告人に説教を始める

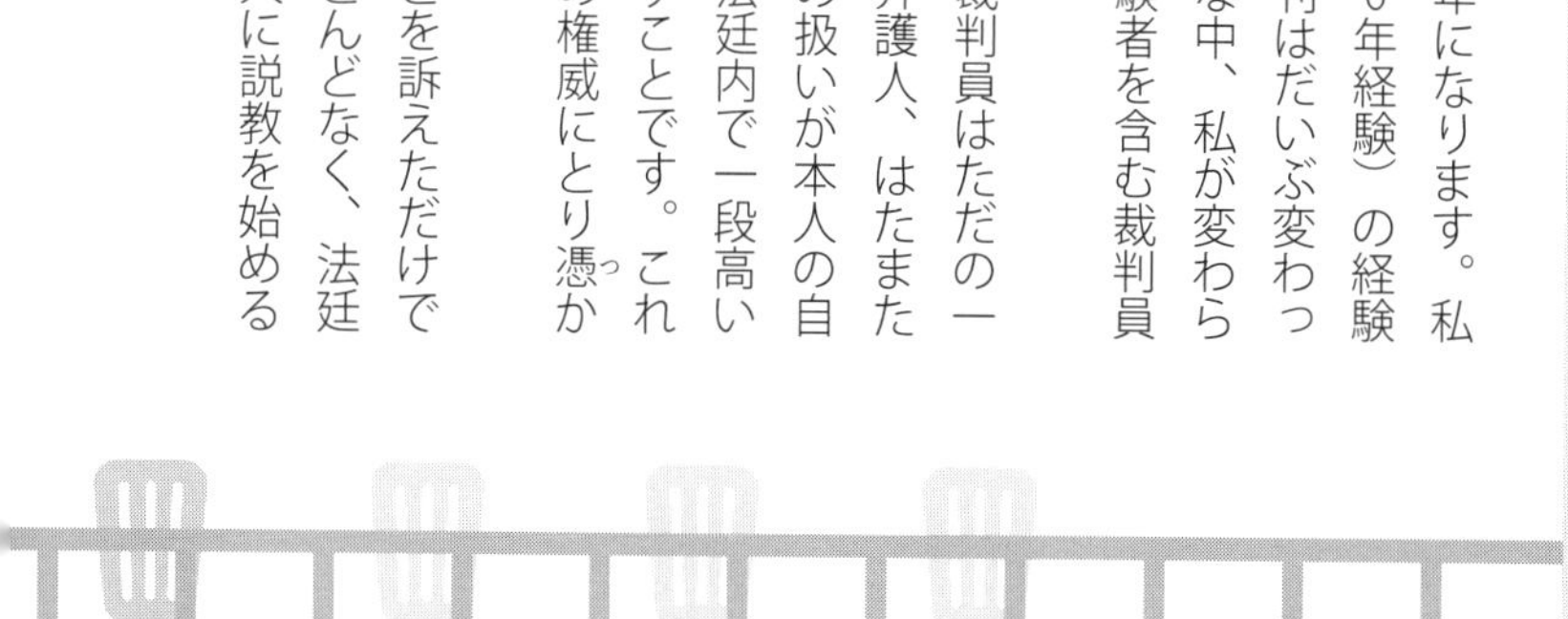

裁判員もいたそうです（さすがに、裁判長に止められたようです）。また、注目を集めるような大きな事件となると、裁判所の出入りに際して職員やSPによる警護（見守り?）がつくこともあります。こうした経験は多くの一般市民にとって初めてのことであり、最初は戸惑うものの徐々に慣れていき、やがて当たり前の感覚として受け入れてしまいます。

そうして生まれる感性が、一審の裁判員裁判の判決に上級審である高等裁判所が異論を唱えたり、違う判決を出したりしたときに起こる批判なのだと思います。私にしてみると意味不明で、上級審の判決を「市民の判断を無視」のような論調で批判することは、日本の三審制を否定することと同義だと考えます。裁判員が関わって出した判決だから正しいという根拠はなく、むしろ裁判員裁判による冤罪《えんざい》の存在も否定できません。

司法というものは権威あるものでなければいけないというのはわかります。実際、法壇の椅子は高さ調節ができるのですが、真ん中に座る裁判長の席は一番高い位置に設定されていました。裁判員になる一般市民は、無能ではもちろんないですが、特別でも特殊でもないです。人の人生を左右する判断に関わるという畏怖《いふ》の念を持って構え、謙虚に臨むべきだと思います。

（たぐち・まさよし）

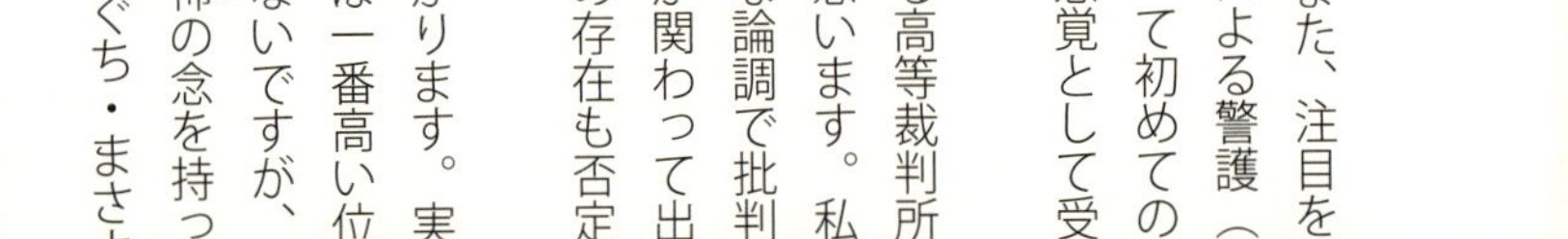

2 裁判員裁判が始まって終わるまで

▼裁判員に選ばれるまで▲

毎年、11月半ば頃から、裁判員を翌年務める可能性のある20万人ほどに、「裁判員候補者名簿への記載のお知らせ」が届きます。この名簿は、市町村の選挙管理委員会で、衆議院議員選挙の有権者名簿（20歳以上）からくじで選んで作成されるものです。最高裁判所の名義で発送されるため、驚いたり、訴えられたのかと勘違いしたりする人もいるかもしれません。この通知には、裁判員制度のマンガなどとともに、調査票が同封されています。70歳以上の人の明らかな辞退の理由のある人、多忙な時期のある人や、裁判員になることのできない職業の人は、調査票にその旨を記して返送すれば、記載内容により裁判員に選ばれません。

翌年、裁判員裁判の対象になる事件が実際に起こると、上記の名簿からくじ引きで、その事件を担当する裁判員候補者が選ばれます。事前に開かれる公判前整理手続で、裁判官、検察官と弁護人や被告人により、裁判員裁判の争点、証拠とともに、裁判員裁判の日程が決定されます。裁判員裁判の始まる6週間前までに、その事件の裁判員候補者に通知が送られることになります。この通知には、質問票が同封されており、裁判員を辞退できる理由のある人は、その旨を記載して返送すれば、辞退を認められる場合があります。前年に裁判員候補者になっても、この2回目の通知が翌年来ない限り、裁判員にはなりません。

裁判員候補者通知が2回届いて、事前に調査票か質問票で辞退などを認められない人は、最終的に、日時とともに指定された裁判所へ赴《おもむ》いて、選任されることになります。裁判員裁判が行われる裁判所は、全国の県庁所在地を中心に50か所ある地方裁判所の本庁と事件数の多い10か所の支部の計60か所です。

裁判所では、事件のおおまかな内容の説明があり、その事件の関係者などは、配布される質問票にその旨を記載します。その後、来場した裁判員候補者は、裁判官、検察官と弁護人の面接を受けます。検察官と弁護人は、面接内容に基づいて、裁判員候補者を原則として4人ずつ、理由を示さないで選任しないよう請求できます。このような選任手続を経て、残った裁判員候補者の中から、原則として6人の裁判員と数人の補充裁判員が選ばれます。補充裁判員の人数は、2、3人の場合が多いですが、裁判が長期にわたる場合は、より多くの人数が選任されます。これは、裁判員が病気や用務などの理由で辞任する場合に備えて、交代要員として多めに補充裁判員を選んでおくためです。裁判員裁判は、始まりから終わりまで平均して延べ10日ほどかかります。短いと2、3日で終わる場合がある一方、長いもので200日ほどかかった例があります。

▼公開の法廷での審理▲

裁判員または補充裁判員に選ばれると、法廷で裁判の最初から最後まで立ち会うことになります。裁判員は、裁判官とともに法廷に入り（入る順番などは事前に練習します）、弓のようにやや曲がっている長い法壇に、中央の裁判官3人を挟んで裁判員3人ずつが座ります。補充裁判員もその後方に座ります（巻末の附録を参照）。裁判は、起立、礼で始まり、通常の刑事裁判と同じく、冒頭手続で、裁判長が、被告人が本人であることを氏名などから確認して、質問に答えない黙秘権があることを告げます。そして、検察官が起訴状を読み上げ、被告人の容疑を明らかにします。それに対して、被告人と弁護人から、検察官の主張を認めるのか、争うのかと、争う内容を述べます。罪を認めた上で量刑を争う場合が多いですが、無罪であるとして、犯行容疑自体を否認したり、正当防衛、心神喪失《しんしんそうしつ》を主張したりする場合もあります。

その後、証拠調べ手続に入り、検察官の冒頭陳述で、検察官の考える事件の概要と証拠が述べられます。立証の多くは、パワーポイントを、法廷の傍聴席から見える壁のモニターと、裁判官と裁判員用の法壇上のモニターに映写して行われます。犯罪を証明する責任は検察官にありますが、被告人の主張をはっきりさせるために、弁護人からも冒頭陳述がなされる場合があります。そして、裁判により、犯行現場を目撃した人、精神鑑定やＤＮＡ型鑑定を行った医師などの専門家、被告人の家族や友人などが、証人として法廷で尋問を受けます。裁判員と裁判官からも質問することができます。

捜査時の取調べと法廷で、被告人の供述内容が食い違う場合などは、取調べ時に録画された映像が法廷で上映されます。被害者は、証人として心情を述べ、事件の種類などにより、犯罪被害者参加制度で、証人や被告人に質問し、適当と思う刑を述べることもできます。被告人質問の後は、弁論手続に入り、検察官が裁判で証明した事実を振り返るとともに、適当と考える刑を求刑として述べます。弁護人は、最終弁論として、事件により、被告人の主張をバックアップします。最後に、被告人の最終意見陳述があり、自由に意見を述べる機会が与えられます。

▼評議▲

法廷での審理が終わると、非公開の評議に移ります。評議では、裁判員と裁判官で話し合い、被告人が有罪か無罪かと、有罪の場合の刑罰を決めます。裁判員は裁判官と同じ一票を持ち、最終的には過半数で結論を決めます。ただし、被告人に不利益な判断をする場合は、多数票に裁判官を少なくとも1人必要とするルールがあります。評議では、裁判員が発言しやすい環境をつくるよう、裁判長が配慮しなければならないことになっています。裁判長により、付せん紙に裁判員と裁判官に意見を書いてもらいホワイトボードに貼るなど、意見を述べやすい方法が工夫されています。量刑については、同種事件の判決例をグラフ化したものが参考のために示される運用になっています。評決がまとまると、裁判官が判決を下書きし、他の裁判官と裁判員のチェックを経て、判決要旨として文章化されます。

▼判決の言い渡しとその後▲

最後に、裁判員と裁判官が、あらためて法廷に出て、裁判長が判決要旨を読み上げます。被告人の反省や更生を願って、裁判員が裁判長に呼びかけてもらうこともあります。刑の言い渡しが終わると、裁判員の仕事は終わります。

裁判の後に記者会見が行われる場合は、評議内容などの守秘義務にふれない程度で、裁判員を務めた感想などを伝えることができます。なお、担当する裁判が終わるまで、自分が裁判員やその候補者であることは公表できませんが、判決言い渡しの後は差し支えありません。

裁判の後は、裁判員の仕事を終えて、日常生活に戻ることになります。同じ裁判員を務めた人と会いたい場合は、裁判所に申し出れば、同意する他の裁判員経験者と連絡をとることができます。また、裁判員経験者の関連団体で、他の裁判員経験者と交流する機会があります。心理的な負担を感じる場合は、メンタルヘルスサポート窓口を利用して、電話、電子メールを通じて相談し、臨床心理士と面談してカウンセリングを受けることが可能です。

飯　考行（専修大学法学部教授）

ひと山なんぼの裁判員

② 裁判官は偉いのか!?

裁判員裁判も始まって10年になります。それまで、司法というものは裁判所や裁判官による専権事項として運用されてきました。裁判官といえば、司法試験を通過した精鋭の中でも、さらに出自《しゅつじ》が限定されたエリート中のエリートだと認識しています。ところが、裁判員制度が施行されたことでその特権の足もとがにわかにぐらつき始めたと思います。裁判所という組織の中で、上ばかりを見ていた裁判官（全ての裁判官がそうとは言いません）が足もとを気にしなければいけなくなったのです。

法律に関して素人である一般市民と議論を交わして判決を出す制度ですから、使う言葉を選ばなければ伝わらないですし、説得的な語彙《ごい》が豊富にないといけません。何より、参加した裁判員にそっぽを向かれてしまったら制度の根幹が揺らぐことになり、組織はもとより世間からも大目玉をくらうことになります。要するに、裁判員は気苦労のタネになっているのだと思います。それでも、多くの裁判官が裁判員経験者から高評価を受けていて、その株を押し上げています。そこには、エリートであるという

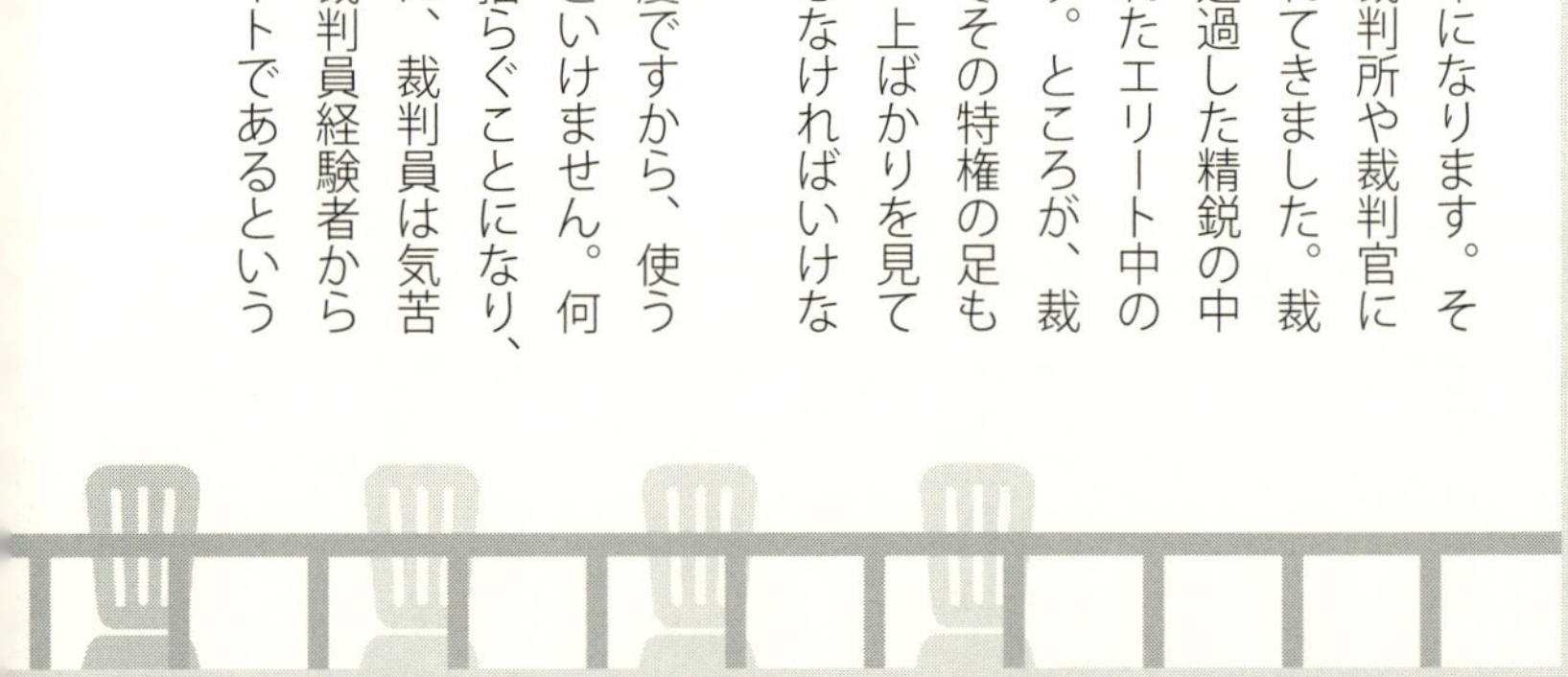

自尊心とは真逆の人間的な側面が反映していると思います。

例えば、昼食の仕出し弁当に「マズイ」と言ってみたり、法服の素材（絹か化学繊維か）について熱く語ったり、（法服のせいで）ネクタイやメガネが個性の表現法だと言ったりして、虚《きょ》をつく意外性を見せてくれます。他にも、耳目を集めるような裁判では、開廷前の法廷撮影でどのような表情で映ればよいのかの極意（?）や、朝の評議室で開口一番、「2ちゃんねるではいろいろ言っていますね！」と聞かされたときは失笑とともに妙な安心感を抱きました。一方で、法廷で証人尋問が予定より長引くと貧乏ゆすりをして（法壇の内側は同列に座る裁判員には丸見え）露骨にイライラしたり、傍聴人の携帯電話が鳴るとすごい剣幕で怒ったりして、感情のある人間なのだな、とも思いました。

表向きは厳然として威厳ある裁判官ですが、一枚めくると茶目っ気のある普通の人間で、当たり前ですが私たちと同じ人間であることがわかりました。だから、プロ相手に意見なんて言えないと恐縮する必要なんてありません。裁判官は偉くともなんともない普通の人です。ただ、私たちより少しだけ法律の知識があるだけです。知識があることと偉いことは違うのです。

（たぐち・まさよし）

3 裁判員裁判にたずさわる人びと

〈1〉裁判員 ①

これから裁判員になられるみなさまへ

2011年6月（東日本大震災の発生した年）に、私は東京地方裁判所・立川支部において強盗致傷罪の量刑を問われた裁判の裁判員を3日間務めました。「強盗致傷罪」は文字通り凶悪犯罪です。ところが、凶悪犯罪とは言い難くとても切ない裁判だったのです。

◆事件の概要

東京郊外でホームレス生活をしていた被告人（45歳）はスーパーの入口前に届けられたパンを複数回にわたり、盗みを繰り返していました。2011年2月のある朝、いつものようにパンを物色し、バッグに詰めていたところで巡回中の被害者に着衣をつかまれてしまい、被告人はつかまれた手を振り切って逃げようとしましたが、被害者はつかんだ衣服を放しませんでした。そこで、被告人は頭突きや殴打で30分ほど暴行を加え続けました。それでも被害者は手を放さないので、さらに馬乗りでカッターナイフを顔に近づけて「死にたくないだろう、手を放せ」と脅し、手を放させて、現場を離れる途中にカッターナイフを投棄しました。その後、返り血を浴びた自分の姿に気がつき「逃げ切れない」と観念した被告人は、駅前の交番に出頭（自首）しました。所持金は約70円、強奪したパンは約1000円程度。犯行は認めていたので「量刑」を決める裁判でした。個人的な感想は「お腹が空いていたんだよね。見つかったときに謝っていれば、こんな事件は起きなかっただろうな」、「2月に路上生活⁉ 寒くてつらかっただろうね。捕まって良かったのかも」でした。

◆選任手続

選任手続は、裁判前日の火曜日の9時30分から。事件概要の説明を受け、事件関係者ではないと自己申告した候補者の中から抽選で男性3名と女性3名が選ばれました。補充裁判員2名は男性でした（余談ですが、裁判員6名と補充裁判員2名が全員女性の裁判体もあったそうです。また、抽選から漏れた人たちについてですが、その場で解散になるケースがある一方、法廷見学させてくれた裁判所もあるようです）。選任されたメンバーは評議室に移動して、自己紹介、裁判員の呼び方・裁判のスケジュールの確認などをしました。その後、昼食タイム。弁当持参の方はおらず、全員が仕出し弁当（有料）を注文しました。和・洋・中華から選べました。私の個人的意見ですが、立川支部は和食が超オススメです。公判中は外に裁判の関係者がいる可能性があるので、評議室で昼食をとることを勧められ、軟禁状態でした。霞が関の東京地裁などでは、裁判体によってですが、評議だけの日に裁判体全員で裁判所外の食堂に行ったという例もあるのだとか……。都心は便利ですね。

◆選任手続日も含めて特別休暇（有給休暇扱い）

私が勤務していた会社は、社員を裁判員法違反の犯罪者にしないとの配慮から公休制度が準備されており、「当社には仕事上の理由で裁判員裁判に出られない社員は居ないので参加して下さい」として参加を促されました。しかし、ある裁判員は、会社に特別休暇制度がないうえに、有給休暇も取れず、会社を無断欠席したといいます。正当な辞退事由もなく無断欠席またはウソの質問票を書いて辞退を申し出たり、上司や第三者からウソを書くように指示された場合は、その人（上司や第三者）も一緒に処罰される可能性があることは理解しておいて損はないと思います。

◆被告人の第一印象

法廷で最初に被告人を見たとき、「この人が悪事を働いたのか……」と多くの人が思うはずです。残念ながら、被告人はマイナスイメージからスタートする宿命ですが、あくまでイメージだけにとどめておくべきだと思います。

◆検察側の組織力

検察側は、一定の勾留期間をフルに使って取調べた資料を使い冒頭陳述を行います。カラフルなパワーポイント等で、驚くほど手間暇かけたことがわかるほど良くまとめられています。「組織力のなせる業」といったところでしょうか⁉

◆弁護側の諸事情

それに対して、裁判員経験者の多くが「弁護側から提出された資料は、検察側に比べて明らかに手抜きかと思えるほど陳腐なものだった」と言います。現役の弁護士によると、刑事事件の弁護士費用は時給換算で数十円にしかならないのだそうです。だからといって、資料作成に時間をかけられないのは困りものです。もちろん、検察側を圧倒するような資料を作成して裁判員裁判に臨む弁護士もいるにしろ、「個人差はあるが、概《おおむ》ね資料が雑である」というのが多くの裁判員経験者の印象のようです。

◆劇場型化した法廷（法廷内での珍事件）

私が担当した事件では、弁護人が被告人の母親からの詫状や知人からの陳情書等を読み上げた後に「被告人は、人に頭を下げることを知らない人間です。他のホームレスの方の中にはコンビニの前を掃除して廃棄弁当をもらって生きている人もいる。『ありがとう』、『ごめんなさい』の基本姿勢が抜けている……」と続けたときに珍事件が発生しました！
被告人：裁判長、傍聴席にいる被害者の方に謝罪したいのですが。
裁判長：どうぞ手短に。
被告人：申し訳御座いませんでした（被害者に向かって頭を下げて謝罪）!!
被害者：許します（えー!?……法廷内の全員が固まりました）。
裁判長：（慌てて）傍聴人、発言してはいけません!!
「裁判員裁判は劇場型化している」と聞いたことがあります。裁判員裁判はまるでドラマのようだということを、身をもって体験しました。

◆裁判員による被告人質問

裁判の争点は、「被告人は粗暴犯なのか!?」でした。検察側は「30分以上にわたって暴行」、「カッターナイフで脅迫」、「前科3犯、執行猶予中」を強調。それに対して弁護側は「根は優しく気が小さい性格」、「カッターナイフは、被害を受けた経験のある『ホームレス狩り』対策の護身用」と主張していました。被告人への質問は、内容が重複しないように、誰がどんな質問するのか評議室で確認したうえで、裁判員全員に質問時間をいただきました。補充裁判員の質問は、裁判長・裁判官が質問しました。被告人の陳述に対して、追加質問もできますので、疑問はこのタイミングで全て払拭しておくべきです。
私：カッターで脅しても手を放さなかったら、どうするつもりでしたか？
被告人：とにかく早く逃げたい一心でした。カッターで顔に傷を負わせていたかも知れませんが、殺すつもりはありませんでした。手を放してくれたので（傷つけなくて）良かったです。
私：つまり（手を放させる）最終手段としてカッターで脅したのですね。
被告人：はい。

事件直後、被告人を放した被害者はその場で110番をかけています。つまり、被告人は電話をかけている被害者の姿を見ながら現場を後にしていたのです。「もし粗暴犯なら被害者の携帯電話を奪取し、破壊するのでは？」という私の抱いていた疑問の答えが、この被告人質問で明らかになったように思いました。

◆判決

執行猶予中でしたが情状を考慮して、懲役5年の判決（求刑7年）となりました。45歳の被告人は50歳での出所です。今思うと、被告人の誕生日を考慮して月単位の量刑（例えば、56月）で、40歳代に刑期を終えるようにした「量刑にメッセージを込めた判決」が市民参加の意味だったかなと考えています。

◆裁判員経験をふり返って

一市民が「人の運命を決める」というプレッシャーはありますが、裁判官と対等に評議・評決して大仕事をやり終えた充実感はあります。判決からもう8年。被告の方は出所して社会復帰されているはずですので、頑張ってほしいと願っています。

◆最後に

裁判員を務めた多くの方が「裁判員体験は大変良かった」と答えていますが、体験をただ「良かった」だけで自己完結してお墓まで持っていくのではもったいないと思います。裁判員ラウンジには学生さんだけではなく一般社会人から高校生まで私たちの体験談を聴きに来られます。今度は、読者のあなたが裁判員になられたときのエピソードを、ぜひ裁判員ラウンジでご教示ください。事件・事故は、ちょっと間違えば誰でも被害者・加害者になり得ます。明日はわが身にならないことを祈念して……。

高橋博信（裁判員経験者）

〈2〉裁判員②

◆担当した裁判について　変わり種の裁判員裁判、2つの初のケース

私の担当した裁判員裁判（東京地方裁判所）は、営利目的の覚せい剤の密輸事件です（最終的に、最高裁で確定。問い合わせるも結果は開示してもらえませんでした）。

事件の概要は、被告人（主犯）らが、何度かタイに行き麻薬組織と接触し覚せい剤の密輸を試みたものの、タイ警察にも感づかれ一旦断念し帰国。その後、別の共犯者（実行犯）がタイへ行き覚せい剤を受け取って帰国するも、タイ警察から日本の警察にも筒抜けになっており成田で現行犯逮捕。被告人もその後、都内で逮捕されたという事件でした。裁判長によると、この事件には2つの初のケースがあったとのことでした。

1　コントロールド・デリバリー捜査

被告人がタイで密輸を試みた際の覚せい剤を、被告人の帰国後にタイ警察が押収。麻薬組織員に成りすましたタイ警察の捜査員が密輸の実行犯に覚せい剤を渡していました（コントロールド・デリバリー捜査）。成田税関は警察と連携したうえでこの覚せい剤を通過させ、その後に実行犯を逮捕しています。このような国をまたぐコントロールド・デリバリー捜査は例がない

らしく、裁判員裁判でタイ警察による捜査手法の是非（証拠の有効性）を判断することとなりました。被告人は、このコントロールド・デリバリー捜査が犯罪を創出したとして違法であることや、タイ警察による覚せい剤増量等の操作の可能性を主張していました。コントロールド・デリバリー捜査について、タイ警察はタイの国内法に則《のっと》ってこの捜査を実施していたとのことですが、日本では麻薬特例法により「おとり捜査」が認められているものの、日本国内でこのような捜査手法（押収した大量の覚せい剤を「おとり捜査」に使用するという手法）は認められることはないだろうとのことでした。

裁判員裁判での役割分担として、裁判員はタイにおける事実関係の認定までで、コントロールド・デリバリー捜査の是非は認定された事実関係をもとに裁判官が判断しました。これは、「法令の解釈に係る判断は裁判官の合議による」との条項（裁判員法6条2項）にしたがったものです。

2　匿名証人制度の適用

タイ警察が密輸の試みに感づいたことにより日本の警察および税関（現地駐在の職員を含む）と連携し対応にあたったのですが、裁判員裁判ではタイ警察の捜査手法の是非も論点であったため、当時の警察および税関の現地職員も証人として出廷しました。この職員は裁判時点でも同職を継続しており、職務の秘匿性から「匿名の証人」という形式をとり、証言台の後方にパテーションを設置。裁判長が検察に対し「ここに記載されている証人に間違いはないか」と本人確認することで証人尋問を行いました。この匿名による証人尋問は初のケースとのことでした（匿名証人制度は２０１６年春に導入）。

◆裁判で見る資料について

裁判での証拠として、覚せい剤そのものや運搬に使用したバッグなどが出てきましたが、最初に配布されたのは、事件の争点等について検察や弁護人それぞれが主張する内容を記した資料でした。

検察側の資料は、パワーポイントなどを使い争点や事柄の関係性をわかりやすくまとめたものでした。これは、いきなり裁判に連れてこられた一般市民の裁判員にも事件の内容を理解しやすくまとめたもので、検察が主張するストーリーのもとに書かれていました。このあたり検察側は裁判員裁判対策をしっかりしている印象でした。また、検察側はビジュアル的にもドラマを撮れそうな布陣（まるで俳優・女優のよう）で、裁判員に対する見た目の印象にも配慮していることがうかがえました。

これに対し、弁護人側の資料は、裁判員対応に慣れていないのか、それとも組織だった対策をしていないのか、争点についての反証を箇条書きでまとめた感じのものでした。裁判官も裁判によって、弁護人側資料のレベルはまちまちと言っていました。

◆評議で感じたこと

公判が表だとすると、裏で裁判官、裁判員による評議が行われます。評議は、裁判長もしくは若手の左裁判官がファシリテーター（進行役）をやります。

事件の性質によりいろいろな進め方はあるのでしょうが、通常刑事事件で否認事件の場合には、検察の主張するストーリーに対し弁護人の反証をもとに一つひとつの証拠を検証（事実認定）していく、という方法ではないでしょうか。重要な部分で検察の主張・証拠に疑義があれば、無罪となることもあります。この事実認定の判断基準が素人である裁判員にはわかりづらいのですが、ここにこそ裁判員裁判の意義があるともいえます。

しかしながら、この評議の場では、積極的に意見や質問をする裁判員もいますが、裁判官に「それは違う」と一蹴されることをおそれて、発言しにくいと感じた方もいたようです。

また、裁判官の言うことを鵜呑みにしないことも、実は重要だったりします。裁判員からの意見がなければ、裁判官だけによる裁判と変わらなくなってしまいます。ランダムに裁判員を選出する今の制度からすれば仕方ないのかもしれませんが、裁判員の中に率先して上手に質問したりするまとめ役の人がいたり、また、裁判員だけの意見交換の場があればより良い評議になるのではと感じました。

◆判決について

評議の最後に有罪・無罪の別と、有罪なら量刑を決めます。私の担当した裁判では、密輸された覚せい剤が証拠として採用されたので、事実上有罪は確定しており、量刑の判断が主になりました。

何の基準もなく一般市民の裁判員に量刑の判断ができるわけもないので、過去の判例を参照することになります。この判例と当該事件での状況や共犯者の判決内容、被告の情状などを考え合わせて議論し、最終的には特別なルールの多数決により量刑は決められていきます。被告の情状などをどこまで考慮するかは裁判官、裁判員によってまちまちで、年齢、性別に関係ないのも興味深いところでした。

しかし、こうして決められた判決も、判決後すぐに被告人は控訴しています。裁判員裁判で出された判決を控訴することについて、いろいろ議論もあるようです。担当した裁判員としては「どうして?」という疑問はありますが、「ほっとした」というのが実感です。実際に、控訴してほしいと言っていた裁判員もいました。まして、死刑判決を議論するような裁判ではなおさらだと思います。

◆裁判を終えて思ったこと

制度開始10年が経ち、関心が薄れてきているのが残念です。裁判員について、「自分は法律の知識もないし、裁判官とまともに議論なんかできるわけないから、荷が重い。できればやりたくない」と思われる方も多いと思います。私もそうでしたが、幸い会社の制度が整っていたこともあり、好奇心が先行し裁判員を務めました。そして裁判を終え、同じ経験者や裁判員制度に詳しい弁護士の話を聞いたり本を読んだりするうち、市民が裁判員になる（裁判に参加する）こと自体に意味があったのでは、と考えるようになりました。

これまでの刑事裁判は、裁判の専門家である裁判官（いわゆる職業裁判官）、検察官、弁護士が法廷という公開はされているものの閉ざされた世界で、難しい法律用語を飛び交わせて進められていました。しかし、裁判員制度が始まり、良くも悪くも裁判の素人である市民に対し、いかにわかりやすく短期間で進めるかが裁判運営の主題のひとつとなりました。そして、裁判をわかりやすくするため、公判前整理手続であらかじめ争点を明確にし、調書よりも裁判での証人尋問や被告人質問を重視する流れともなりました。

裁判官は素人の裁判員に対し、事実認定する上での基本原則（証拠裁判主義、「合理的な疑いを超える証明」、無罪の推定、「疑わしきは被告の利益に」など）や、裁判の中で議論されている争点を丁寧に説明しますし、素朴な質問にもきちんと答えてくれます。実はこういった裁判員にきちんと説明する評議進行や質疑の中で、裁判官の意識の中でも原点に帰る部分があるのでは、と思ってもいます。ですから、裁判員を務めるうえで法律の知識がないことはハンディキャップでも何でもなく、裁判や評議の中で、納得するまで議論や質問をすることが一番大事なのだと考えるようになりました。これにより裁判員裁判は、法曹界というどちらかといえば閉鎖的な社会に住む裁判官の方々へ、市民の意識の在処《ありか》を再確認してもらえる機会だと思えるからです。結果として、担当した裁判はもちろん、他の裁判へも好影響があるのではないでしょうか。

◆最後に

このドラマみたいな覚せい剤密輸事件に、初めての裁判員として向き合ったことは貴重な経験でした。証拠となった大量の氷砂糖のような覚せい剤の実物を手に取って見るようなことは金輪際《こんりんざい》ないと思います。この覚せい剤が空港で押さえられ、広く市中に散逸しなかったのは何よりでした。もし、もう一度裁判員をやる機会があれば、やはりぜひやりたいと思います。

裁判員C（裁判員経験者）

〈3〉裁判官

◆裁判員裁判における裁判官の仕事

裁判員裁判とは、裁判員と裁判官が、連携、協働して行うチームによる刑事裁判です。裁判員制度は、裁判員と裁判官が互いに協力し合い、国民の視点や感覚と裁判官の専門性がそれぞれ生かされるような刑事裁判の実現を目指しています。裁判員裁判にたずさわる裁判官の仕事は、このような裁判員制度を実現することです。

◆裁判には多角的な視点が必要

裁判は、人類が長年の歴史をかけて生み出した平和的な紛争解決制度です。何か争いごと（事件）が生じたときに、武力を用いて解決していたら、いつか人類は滅んでしまいます。神様または神の使いを名乗る王様やリーダーに決着をつけてもらうという時代もありましたが、結局、濫用されてしまったというのが人類の歴史です。このような歴史を経て、日本を含む多くの国では、争いごとについて、対立する当事者からそれぞれ異なる視点で主張立証してもらい、公正中立な第三者である裁判所が判断するというシステムが採用されています。

例えば、民事裁判では、お金を貸したけど返してもらえないという人（原告）が、お金を返してほしいという裁判を申し立て、その理由を主張、立証してもらい、他方、お金を返してほしいと言われた人（被告）は、原告の主張に対する言い分、例えば、「お金は借りたのではなく、もらったものだ」などと主張、立証してもらい、公正中立な第三者である裁判所が判断して解決することになります。このように、裁判では、対立する当事者からの異なる視点と公正中立な第三者の視点という多角的な視点が必要なのです。

◆裁判員裁判によってもたらされる、より多角的な視点

刑事裁判も、検察官が、例えば、被告人は殺人未遂罪を犯したから処罰してほしいという裁判を申し立て（起訴）、これに対し、被告人が、起訴に対する言い分、例えば、「身に覚えがない」、「確かに刺したが、相手が先に殴ってきた」などと主張し、公正中立な第三者である裁判所が判断して解決するというシステムになっています。

裁判員裁判では、裁判所の視点の中に裁判員の視点も加わることになりますから、裁判所の視点がより多角的になります。しかも、裁判員の視点といっても、それは、単に、裁判官の視点に裁判員の数の視点が加わるという意味ではありません。それぞれの裁判員の方がお持ちの視点、例えば、男性の視点・女性の視点、親の視点・子どもの視点、夫の視点・妻の視点、経営者の視点・従業員の視点など、事件の被害者や加害者の視点に限られない、より多くの視点で事件を見つめることができます。このような多くの視点が加わることによって、刑事裁判は、

より多角的に、より深みのあるものになることができます。より多角的により深みのある裁判ができるということは、裁判に対する国民の信頼をより高めることにつながります。

◆裁判員経験者の声

裁判員の経験者を対象とした最近のアンケート（以下では、単に「アンケート」といいます）によると、裁判員に選ばれる前に裁判員を「やってみたい」または「積極的にやってみたい」という方は、併せて約37％しかいませんでした。しかし、裁判員として裁判に参加した後は、約96％の方が「非常によい経験と感じた」または「よい経験と感じた」と答えています。

裁判員を「積極的にやってみたい」という方を増やし、裁判員の経験を「非常によい経験と感じた」方を１００％に近づけることが、裁判員裁判にたずさわる裁判官の目標ということになりますが、アンケートによると、裁判員になる前と後では、約60％の方が裁判員裁判に対する見方が大きく変化しています。いったい、このギャップは、どこから生じているのでしょうか。

やはり、実際の裁判員裁判がどのようなものなのかよく知られておらず、裁判員になることへの不安が大きいためと思われます。みなさんの不安を解消するためには多くの裁判員経験者の声に耳を傾けてもらうことが一番ですが、裁判員裁判にたずさわる裁判官として、実際の裁判員裁判について、これから裁判員になるかもしれないみなさんが不安に思うところにふれながら、裁判員を務めた多くの方がなぜ「よい経験」とおっしゃってくださるのか、これまで裁判員の方からうかがったお話なども踏まえてお伝えしたいと思います。

◆法律が事件を裁く

「裁判」と聞くと、「人を裁く自信はない」と不安に思われる方は少なくありません。しかし、法の支配に基づく民主主義を採用しているわが国では、「人が人を裁く」のではなく、「(私たちが決めた) 法律が (目の前の) 事件を裁く」と考えていただくのが良いと思います。

憲法を読むと、人は生まれながらにして幸福を追求する権利を有していること、つまり、人は幸せになるために生まれてきたことがわかります。他方で、人はひとりでは幸せになることはできませんから、平等な私たちの間に幸福追求権の衝突が生じることは避けられません。この衝突を予防するため、私たちは、国会を通じてルールを設けます。これが民法や刑法などの法律です。法律を作ることを「立法」といいます。

しかし、このようにルールを定めたとしても、わざと、または、ついうっかりルールが破られると、事件になります。この事件を解決するのが裁判です。法律というルールに照らして紛争を解決することを「司法」といいます。「裁判」というのは、人が人を裁くのではなく、「法律」、つまり、私たちが定めたルールが、「事件」を裁くのです。

◆「法律」を説明するのは、裁判官の仕事

「法律が事件を裁く」と言われても、「法律や裁判のことなどわからない」とさらに不安になる方もいるかもしれません。

裁判員に必要な法律を丁寧に説明するのは、裁判官の仕事です。経験者のアンケートによると、裁判官の説明が「わかりやすかった」と答えた方は約91％で、「普通」と答え方は約８％です。裁判員裁判にたずさわる裁判官は、刑事裁判に参加するうえで必要な法律や裁判に関する知識をみなさんにご理解していただけるように、プレゼンテーションの腕を磨いているところです。

◆「事件」を説明するのは、検察官や弁護人の仕事

みなさんの中には、「刑事裁判の審理に実際に立ち会っても、犯罪とされるような事件に出会うのは初めてなのに、その内容を理解することなどとてもできない」と不安に思われる方もいると思います。

裁判官、検察官および弁護人は、裁判員の負担があまりに重くならないように、しかも、裁判員がその職責を十分果たすことができるように、刑事裁判の審理を迅速でわかりやすいものとするように努力しなければならない義務があります。

裁判官は、裁判員のみなさんと一緒に、法廷で初めて証拠を見たり聞いたりすることになります。したがって、起訴された事件がどのようなものであるかは、検察官と弁護人に、それぞれの立場から、わかりやすく説明してもらう必要があります。

経験者のアンケートによると、審理の内容が「わかりやすかった」と答えた方は約65％で、「普通」と答え方は約30％です。裁判員制度が始まり、検察官や弁護人は、事件をよりわかりやすく説明できるように努力を続けているところです。

なお、黙秘権が保障されている被告人には、事件の内容を説明する義務はありません。私たちは、検察官や弁護人が説明した「事件」に「法律」というルールをあてはめ、健全な常識にしたがって結論を出せば、十分職責を果たしたことになります。

◆公平な判断は、当事者の感情に寄り添うことから

「被害者に感情移入してしまうのではないか」、「公平に判断できるか不安だ」という声もよく耳にします。

裁判所が公平に判断するには、大きく2つの方法があります。ひとつは、検察官が主張する被害者の声にも法廷の被告人の声にも耳を貸さず、どちらも見ずに結論を出すという方法です。目隠しをして耳をふさぎ、感情を排除する「正義の女神」です。もうひとつは、被害者の声や被告人の声に耳を傾け、いろいろな人の立場をできるだけ理解して結論を出すという方法です。

目隠しをせず、耳もふさがずに、事件の当事者の感情に寄り添う「正義の女神」です。

私は、感情に振り回されるから感情を排除するというのではなく、感情を知り、感情に寄り添う「正義の女神」をお勧めします。公平な判断は、共感性から生まれると思うからです。被害者やその家族に共感していただいてかまいません。その代わり、被告人やその家族の立場にも共感してみましょう。いろいろな立場の人に共感することが公平な判断につながるのではないでしょうか。

◆評議で意見を述べやすくするのは裁判官の仕事

裁判の審理を終えると、被告人は検察官の主張する通りに有罪なのか否か、有罪だとすると被告人をどのような刑にすべきかについて、裁判員と裁判官が話し合うことになります。これを「評議」といいます。

みなさんの中には、「人前で意見を述べる自信がない」、「裁判や法律の専門家でもなく、裁判所にほとんど来たことがないのに、専門家である裁判官と対等の立場で自由に議論などできるわけがない」と不安に思われる方もいると思います。

しかし、裁判員制度は、裁判官と裁判員のどちらか一方が中心あるいは主役というものではありません。裁判官と裁判員のいずれもが主役であり、それぞれ異なるバックグランドを持ちながらも、対等な立場で、相互にコミュニケーションをとりながら、それぞれの異なった知識・

経験を有効に組み合わせて共有しながら、協働して裁判を行うものです。

裁判員と裁判官のチームをつくり上げ、みなさんが意見を述べやすくするのは、裁判官の仕事です。経験者のアンケートでは、評議は「話しやすい雰囲気であった」と答えた方、また、評議において「十分に議論ができた」と答えた方は、いずれも約78%でした。

評議の進め方については、各裁判官がいろいろと努力を重ねているところです。例えば、私は、評議が始まる前に、5つのお願い（①肩書や立場にこだわらず、対等な立場で自由に発言しよう！②わからないことをはっきりさせよう！③人の話をよく聴き、他人の意見を尊重しよう！④理由や根拠を考えよう！⑤限られた時間の中で、最大限の成果を目指し、ひとつのチームとして、合意形成に向けた努力をしよう！）を説明したり、意見を出しやすくするために、75ミリメートル×75ミリメートルの付せん紙に無記名で意見を書いてもらい、みんなが貼り出した付せん紙を見ながら議論するという方法（付せん紙法）を利用したり、いろいろと試行錯誤を続けながら、より良い評議の実現を目指しています。

◆他人事を真剣に考える経験

裁判員を務めた多くの方が「非常によい経験と感じた」、「よい経験と感じた」と答える理由として、「今までの人生でこれほど他人の事について真剣に考えたことはない」、「社会の問題を自分の問題として考えるようになった」という声をよく聞きます。

アメリカでは、陪審制度（市民だけで有罪無罪を決める制度）は「民主主義の学校」といわれます。他人事について陪審員として真剣に考えることが、民主主義の基盤である公共の精神を育てることにつながるからです。

裁判員裁判も「民主主義の学校」という面があり、最近は学校教育の現場でもかなり注目されています。裁判員を経験して、「犯罪のない世の中を作るためにはどうしたらよいのか真剣に考えるようになった」という方もおられました。日本という社会で一緒に生きている他人を身近に感じることによって、人と人との結びつきを強く意識されるようになったそうです。

みなさんお一人おひとりのご意見が一つひとつの裁判を支えるだけでなく、日本の社会を支えることにつながっているのだと思います。

◆みなさんの貴重な経験を社会の財産に

裁判員には秘密を漏らしてはならない義務があるから、裁判員になったことはできるだけ隠さないといけないという誤解があるようです。

たしかに、関係者のプライバシーの保護や評議における自由な議論の保障のため、裁判員には、評議の秘密などを漏らしてはならない義務があります。しかし、公開の法廷で見たり聞いたりしたことや、裁判員として裁判に参加した感想は、秘密ではありません。

裁判員に選ばれる確率は、1年あたり約1万1800人に1人程度です。みなさんの家族や友人の不安を解消するためにも、みなさんの貴重な経験を周りの方々にお伝えください。

◆法廷の中にある見えない鏡

多くの経験者の方は、他人事を真剣に考えることによって自分の人生がより豊かになったという感想を述べられています。

法廷の中には、見えない鏡があるといわれています。それは真実を映す鏡です。検察官や弁護人は、その鏡に真実を映すために活動しているともいえます。

実は、この鏡に映るのは、真実だけではありません。みなさんと一緒に座る法壇からこの鏡を見ると、そこには、私たち、裁判員と裁判官が映っています。多くの経験者の方は、自分とは何の関係もない被告人や事件の審理に立ち会いながら、法廷の中にある鏡に自分の人生・仕事・家族などいろいろなものを投影させ、これまでの人生を振り返り、その後の人生の豊かさにつなげておられるのだろうと思います。

みなさん、これからの人生を豊かなものにするために、ぜひ裁判員を経験してみませんか。

國井恒志（前橋地方裁判所判事）

〈4〉弁護士

裁判員裁判にたずさわる弁護士のしごと

◆どうして弁護士は被告人を守る?

裁判員を経験した方からよくお尋ねいただくことに、「どうして弁護士は、悪いことをした被告人を守るのか」という質問があります。これはなかなか難しい質問で、弁護士それぞれ考え方が違うことかもしれません。

教科書的には、「刑事裁判は、強大な国家権力を持つ検察官が被告人を訴追して、国家機関である裁判所が被告人の刑罰を決める手続なので、被告人にも法律の専門家である弁護士の助力が必要である」という理由が挙げられるでしょう。

でも、冤罪《えんざい》の場合であればまだしも、罪を犯したことを認めているのに反省しているように見えない、あるいは、どう見ても有罪であることが明らかなのにあれこれ弁解しているという場合、なぜそんな被告人でも守られる必要があるのか、疑問に思うのは自然なことです。

しかし、富士山が静岡側から見るのと山梨側から見るのでかたちが違うように、「事実」も見る角度、光を当てる方向によって違ったものに映ることがあります。弁護士は、被告人の角度から「事実」を見て、光を当てていきます。

これから、裁判員裁判にたずさわる弁護士のしごとをご紹介しますので、皆さんも、弁護士が被告人を守るとはどういうことなのか、一緒に考えてみてください。

◆裁判員裁判として起訴されるまでの弁護士のしごと

被疑者（起訴される前）・被告人（起訴された後）を守る弁護士のことを「弁護人」といいます。

弁護人は、起訴される前には、捜査を受ける立場に置かれた被疑者を守るのがしごとになります。ここでは、まず被疑者の言い分を聴き出すことから始めます。先入観を持たず、話を遮らず、時々質問を挟んで、被疑者の視点から見た事実を聴き取っていきます。そこで得られた情報が、起訴された後、検察官から開示される証拠を検討する重要な手がかりになるのです。

そして、被疑者に対して取調べにどう対応するか助言し、事案によっては不起訴を目指して示談交渉などを行います。

◆起訴後、裁判員裁判（公判）が始まるまでの弁護士のしごと

起訴された後、裁判員裁判の対象事件では、「公判前整理」という手続で、争点と証拠の整理を行います。刑事裁判は被告人の刑罰を決める手続なので、間違って処罰が決まることはあっ

てはいけません。ですから、刑事裁判では、被告人は無罪であると推定され、検察官が被告人の有罪を立証する責任を負っています。そして検察官は、「常識にしたがって判断し、間違いない」といえる程度まで、証拠によって被告人の有罪の立証をしなければなりません。

そこで弁護人は、検察官から開示された証拠をくまなく調べ、被告人から聴き取った事実とも照らし合わせて、検察官の立証に本当に間違いがないのかチェックしていきます。有罪か無罪かだけでなく、有罪の場合に被告人に科される刑の重さを決めるのに重要な事実の存否もチェックします。事実を争う被告人とは、どのような主張をして、立証をどうするか相談し、最善の方法を考えていきます。その上で、公判でどの点について裁判官・裁判員の判断を求め（争点）、どの証拠を判断の材料にしてもらうか整理していきます。

並行して、公判前整理手続を行っている数か月の間、罪を犯してしまった被告人とは、事件のことについて深く話し合います。生じた結果の大きさを話し合い、その原因を振り返り、改善・更生策を一緒に考えていきます。ここでは、ただ事実を聴き取るだけでなく、被告人の考えを聴いたり、さらに考えを深めるためのヒントを話し合ったりします。そうしていく中で、被告人の反省が深まっていけば、それを裁判官・裁判員に伝えるために、何を被告人に法廷で語ってもらうのかを考えます。ただ、人間は弱いもので、悪いとわかっていても素直に謝れない人や、現状を受け入れられなくて感情的になってしまう人もいます。そういうときには、弁護人がそれに蓋をしてしまうのではなく、それも含めて裁判官・裁判員の判断を仰ぐ方法を考えることが、被告人の唯一の味方である弁護人のしごとになる場合もあります。弁護人は、それぞれの事案で、公判に向けて被告人の角度から光を当てる準備をしていくのです。

◆裁判員裁判（公判）での弁護士のしごと

公判では、弁護人は、裁判官・裁判員に判断を求めて活動します。「冒頭陳述」という手続で判断を求める事項を説明し、証人尋問や被告人質問で立証活動を行い、「最終弁論」で求める結論を訴えかけます。これらは、裁判員や傍聴人の方々にも見える弁護人のしごとです。

では、見えないところでは、弁護人はどんなしごとをしているでしょうか。裁判員裁判では、一日の審理の中で、昼食休憩以外に何回か休廷時間があります。20～30分程度のことが多いですが、その間に弁護人は、よく被告人と面会しています。昼食休憩でも被告人と面会します。その日の法廷が終わった後の夜間、面会に行くこともあります。面会して、法廷で行われていることを被告人が理解しているか確認して必要な説明をし、動揺したり緊張したりしている被告人の不安を取り除いて、裁判に集中できる環境を作ります。裁判を受ける主体である被告人が「置いてきぼり」にならないようサポートするのも、弁護人の大事なしごとです。

◆裁判員裁判になって変わったこと

裁判員制度が始まって10年経ち、刑事裁判は大きく変わりました。全てが良くなったわけではなく課題もありますが、良くなった点のひとつは、検察官が収集した証拠の多くが（全てでないところが残る課題です）弁護人にも開示されるようになったことです。これにより、検察官の立証が本当に間違いないのか、より細かくチェックすることができるようになりました。もうひとつは、公判で、その場で見て聞いて、心証が形成されるようになったことです。捜査機関が作った書面の証拠ではなく、目の前で証人や被告人が話す言葉、声色、顔つき、身振りなど全てが証拠になって事実が認定されるので、誤りの介在が減少することが期待されます。

このような刑事裁判の変化に伴って、弁護人のしごとも変化が求められています。法廷で心証を形成してもらうためには、伝えるべき事柄をその場で伝えきる技術が必要になります。尋問技術やプレゼンテーションの技術などを日々磨かなければなりません。加えて、説得するための論理も必要になります。弁護人の求める結論が、全ての証拠を論理的に説明できるものでなければ、裁判官・裁判員の共感を得ることはできません。さらに、熱意もとても大切です。弁護人が熱意を持って臨んではじめて裁判官・裁判員に耳を傾けてもらうことができます。

いずれも当たり前のことかもしれません。でも、裁判員制度以前の裁判官裁判を経験した多くの弁護人にとっては、大きな変化です。

◆裁判員制度のこれから

現在の裁判員制度は、まだ完成形ではありません。これからも国民のチェックを受けて、法曹関係者はたゆまぬ努力を続けていかなければなりません。裁判員が刑事裁判に参加することで、多くの角度から事件・事実に光が当てられ、多様な意見が判決に反映されます。その結果、判決に対する国民の信頼度が高まることが期待されます。

我々弁護人も、裁判が終わった後、裁判員の方から「どうして被告人を守る弁護人が必要なのかわかった」と感じてもらえるよう、研鑽《けんさん》を積んでいきたいと思います。

森岡かおり（弁護士）

〈5〉臨床心理士

◆臨床心理士の裁判員裁判での働き

臨床心理士（2019年度から「公認心理士」という新しい資格も加わります）は、一般に病院や学校、企業、民間のカウンセリング機関等で、こころの悩みや問題を抱えている方々の心理相談を行っています。

裁判員制度においては、精神的、身体的不調を感じた裁判員経験者の方々への心のケアを目的とした「裁判員メンタルヘルスサポート窓口」という24時間無料の電話・WEB相談窓口があり、看護師、保健師、精神保健福祉士等とともに、臨床心理士も相談に応じています。対面での相談を希望される方は、5回まで無料のカウンセリングが受けられます。

2010年8月に、①裁判員の貴重な体験を市民全体で共有すること、②裁判員経験者の交流の場を設定し心理的負担の軽減に役立てることを目的に「裁判員経験者ネットワーク」が設立されました。隔月《かくげつ》で開かれる裁判員経験者中心の「交流会」では、弁護士や法学研究者、臨床心理士も参加して、経験者の方々の体験を分かち合い、裁判員制度をより良くするための話し合いを重ねています。臨床心理士は、こころの負担を抱えた経験者のお気持ちをうかがい、心理的なアドバイスも行っています。「交流会」に参加された経験者の方々からは、「裁判員裁判の体験をわかり合える仲間と会えて嬉しかった」、「裁判員裁判で緊張や不安を感じたのは自分だけではないと知って安心した」、「市民として社会のために自分に何ができるのかを考えていきたい」といった声があがっていました。

◆私の経験

私も、精神科の病院で臨床心理士として働きながら、裁判員を経験したひとりです。裁判員に選出された時は正直「面倒なことになった」と気が重くなりましたが、「選出されたからにはやるしかないし、貴重な社会勉強でもあるし、この体験を仕事にいかせるかもしれないし……」と自分に言い聞かせて裁判に臨みました。一方で、「私は臨床心理士だからどんな裁判内容であっても取り乱すことはないだろう。冷静に自分の感情をコントロールできるはずだ」と高《たか》をくくっていたところもありました。ところが、実際はとんでもないことでした。裁判員経験は予想以上に強烈で、不安になったり、イライラしたり、気持ちが滅入ったりと、次々とわき起こってくる自分の感情に日々圧倒され続けたのです。

評議では、少人数で部屋にこもって事件について考え続けているうちに、自分も事件現場にいたかのようなリアルな感覚が生じてきました。被害者や加害者の立場に身を重ね、恐怖感、怒り、孤独感、無力感、疲労感といった感情に翻弄されました。夕方、一日が終わって裁判所の外に出ると、緊張感から一気に解放されると同時に、自分が特殊で重大な任務についているような高揚した気分になりました。そのような日々が繰り返されるうちに、次第に倦怠《けんたい》感、頭《ず》重《おも》感、食欲不振、睡眠不足などが自覚されてきました。

評議において、判決を出すこと、量刑を決めることには、私だけでなくどの裁判員も少なからぬ負担を口にしていました。被告人にとっては見ず知らずの他人である自分、清廉潔白でも何でもない自分に、他者を裁く資格があるのか。専門的な法律の知識もなく、他に比較する裁判も経験しないまま、たった数日間の話し合いだけで被告人の人生を決定づける判決を出すのは、あまりに早急で無責任なのではないか。自ら望んだわけでもないのに、なぜそのような負担を負わなければならないのか。判決が重い事例ほど、裁判員の苦悩は深く、最終的には被害感や怒りになって残ることもあるような気がしました。

法廷では、映画やドラマを見ているかのような傍観者の感覚が生じたり、被告人や被害者の発言の現実感に引き込まれたりと、二つの精神状態を行き来して、焦点をどちらにも合わせられない不思議な感覚を味わいました。入廷し、法廷で起立している関係者を目にしたとたん、緊張のあまり笑いが込み上げてくるというおかしな精神状態になったこともあります。被害現場、被害状況の写真、証拠品は、事件の状況を生々しくイメージさせる力があり、受け入れがたい不快な感情が惹起《じゃっき》されました。裁判が終わってしばらく経ってからも、テレビで似たような事件の報道や刑事ドラマを見ると、映像とともに裁判の様子が思い出されたことも度々あります。

そういったさまざまな心理的負担があったにもかかわらず、最終的には「裁判員裁判を体験できて良かった」と実感できたことは自分でも驚きでした。大変な経験ではあったのですが、それを超える充実感と達成感、さまざまな気づきを得ることができたと思います。人間の罪について考えること、他者を裁くことといった、本来なら考えずに済ませたい重い課題について、全員が納得した結論を導いていく過程はエネルギーのいる大変な作業でしたが、相互交流と創造の体験でもあったことを実感しました。人が人を裁くことを真剣に考えると、被告人や被害者の立場に自分の身を置くことを余儀なくされます。自分が、被告人や被害者とは全く異なった人間とは思えなくなり、一時的に不安や混乱が生じてきますが、結果として「自分と向き合う、自分を深く知る」ことにつながったように思えるのです。

これまでは事件や裁判判決の報道を見聞きしても、自分には関係のない不幸な出来事として傍観していました。しかし、裁判員裁判を体験して、自分も社会の一員であることの責任を感じさせられました。どのような判決が被告人や被害者の今後の再生につながるのか、犯罪が少なくなる社会にしていくためには何ができるのか、という意識を初めて抱きました。そのような新しい視点を持てた自分に対し、自信と肯定感も得られたのです。

◆これから裁判員になる人に伝えたいこと

人によって違いはありますが、裁判員体験は心理的負担があることは事実です。臨床心理士の私でも、感情のコントロールが難しく、身体の不調にも悩まされました。しかし、裁判員体験は、自分や他者、社会に対する見方が大きく変わり、社会の一員として生まれ変わるような意義深い変容の体験であると思います。

裁判員の心身の負担が少しでも軽減されるためには、「その場で気持ちを出す」、「どんな感情でさえも受け止められる」ことが重要かと思われます。裁判員制度において、現行の「メンタルヘルスサポート窓口」の他に、裁判所内にメンタルヘルス専門スタッフが常駐し、裁判員が気軽にいつでも訪問できるような体制が整えられることが期待されます。

みなさんにとっての裁判員体験が、「自分と向き合い、多くのことに気づく充実した体験」となることを願ってやみません。

堀内美穂
（臨床心理士・裁判員経験者）

〈6〉 記者

◆裁判員制度は民主主義の基盤をつくる　裁判員経験者と出会って感じたこと

「一つのことをこれだけ根《こん》を詰めて話し合うということはなかなかない。やり遂げたという気持ちがある。良い経験だった」

2018年6月に新潟地裁で男性（67）が殺人と死体遺棄の罪に問われた裁判で、判決を言い渡した直後の記者会見に臨んだ裁判員のひとりが語った言葉です。

事件は、男性と養女の間に生まれた乳児を殺害したとされるもので、男性は犯行を否認し、公判と評議は約2週間にわたりました。裁判体が出した結論は懲役8年。別の裁判員（男性会社員）は「物証が少なく、精神的にも身体的にもかなり疲れた評議だったが、終わってみれば早かったし、話し合いの密度が高かった」と振り返りました。同時に、「いろんな職業の方がいて、同じ事件なのにいろんな意見があり、こういう考え方もあるのだと教えられた。人生の中で目先を変えて物事を見るという視点をもらった。人生経験を積める場になった」とも語りました。

裁判員制度が始まって2019年5月でちょうど10年になります。裁判員や補充裁判員を務めた人は全国で約8万9千人（2018年12月末まで）にのぼります。ですが、経験者の声はなかなか耳にすることができないのが現状です。

私は司法担当の記者ではないので、ふだん裁判の取材をすることはありません。しかも、正直なところ、裁判員制度の導入には否定的でした。それが、たまたま知り合った裁判員経験者に誘われ、２０１４年初めに経験者の集まりに参加したことが、裁判員制度について新たな気づきをもたらすきっかけになりました。

この集まりは、お酒を飲みながら気軽に話をするという会合ですが、なかなか会えない裁判員経験者に会えるのならば少し通ってみようかなという気持ちが芽生え、ほぼ毎月のように参加して、経験者と顔を合わせるようになりました。親しくなるうちに、彼らは裁判員をして自分がどう変わったのかを、少しずつ語ってくれました。

「刑務所のことを知らずに判決を出したので、刑務所見学に行った」

「自分が被告になってもおかしくないと感じた」

「いろいろな事件で、なぜ起きたのかを考えるようになった」

司法には無縁だった、ふつうの人たちがこんなことまで考えるようになるのか、と私は心を打たれました。新聞記者として30年もかかって私が感じてきたことを、彼らは数日から数週間の裁判員経験で体得していたのです。

事件には「人生の縮図」や「社会の縮図」、「人間の性」が隠れています。裁判員は担当になったその事件と向き合い、証拠を見極め、被告や被害者の人生や生い立ちなども見聞きします。

役割は裁判官やほかの裁判員と議論を重ね、有罪か無罪かを見極め、量刑を決めることですが、その過程の中で、これまでの人生では考えもしなかったことに気づく人が少なくないようです。

例えば、殺人未遂の罪に問われた男性の裁判を担当した40代の女性経験者はどんな極悪人かと考えていた被告が「ふつうのおじさんだった」ことに驚き、被告男性が窃盗を繰り返して少年院を出たり入ったりしていた生育歴を知り、「自分ではどうすることもできない劣悪な環境で育つ人がいることに気づかされた」といいます。

また、強制わいせつ致傷などの罪に問われた男性の裁判で裁判員を務めた40代の男性は「（のどかな）自分の町でこんなことが起こっているのか」と驚き、被害者が妹や妻だったらと思うと「決して他人事ではない」と感じたそうです。同時に、被害女性の証言を直接聞き、「性暴力がどんなに被害者を傷つけるのか」と愕然《がくぜん》とし、それまでの日常生活では気にもとめていなかった性暴力の恐ろしさを痛感したと言います。「たった4日の経験だったけれど、人生の2割ぐらいを占めてしまったかも」と話してくれました。

裁判員裁判の対象事件は殺人や強盗致死傷、放火など重大事件なので、裁判員にとっては厳しいこともあります。無差別連続殺傷事件で裁判員を務めた50代の女性は、量刑を決めるにあたって死刑か無期懲役かをめぐって悩みに悩み抜きました。そのときは眠れなくなるほど苦しかったと言っていました。ですが、同じ裁判員経験者と出会って、互いの経験を語り合うことで、気持ちが解放されたそうです。新たな出会いもあり、社会の出来事への見方も変わったといます。

経験者の話を聞くうちに、私は確信しました。「裁判員の体験はその人にとっての財産になるだけでなく、社会の財産になる」と。

彼らの経験をそのまま埋もれさせてはもったいないと思い、朝日新聞デジタルの「裁判員物語」という連載で、彼らの物語を綴《つづ》りました。そうした中で出会った経験者の中には、死刑判決が出た裁判を担当した人もいます。

15年の暮れに、裁判員裁判で判決が出された事件としては、初めて死刑が執行されました。その裁判を担当した元裁判員の20代の男性にも話を聞くことができました。

男性が担当したのは、川崎市でアパートの大家ら3人が刺殺された事件。11年に判決を出したときは「考え抜いた結論だ」と納得したつもりだったそうです。ですが、その後、友人から「人を殺したのか？」と問われ、胸を突かれました。考えてもいないことだったのです。死刑はだれかが実行する「最も重い刑」と認識していただけで、間接的にでも自分がかかわって「人を殺す」ということだという意識は全くありませんでした。「間接的であろうとも、死刑は殺人行為と変わらないかもしれない」と気づかされたといいます。

男性は、かつては死刑に賛成でした。しかし、死刑を我がこととして悩むうちに、死刑に反対する気持ちが強くなったそうです。「極刑を望む被害者遺族の気持ちは理解できる。元死刑囚のやったことは絶対に許されることではない。でも、遺族が法廷で言っていたように、死刑になっても被害者は戻ってこない。社会として、執行してそれで終わりでいいのだろうか」と話してくれました。

男性は2014年には、他の裁判員経験者らと20人で、死刑について情報公開をし、国民的議論を促すことや、それまでの刑の執行停止を法務大臣に求めました。20人の中には死刑制度に反対の人もいれば賛成の人もいますが、死刑についてあまりにも知らなさすぎるという共通の思いが彼らの背中を押しました。

ですが、その後も、死刑についての情報公開は進まず、執行は続いています。そうした状況に、彼はこう疑問を呈します。「僕らの要請はどう扱われたのでしょう。裁判員制度自体はいいと思います。でも、それをどういうものにしていくのか、死刑について、量刑について、被害者参加制度のあり方について、立ち止まって考える時期ではないでしょうか」。

私が話を聞いた裁判員経験者のほとんどは裁判員をする前は、社会問題や裁判などにはあまり関心がなかったそうです。一般市民としてはふつうです。しかし、彼らの多くは裁判員を経験したことで、社会を見る目が変わったといいます。中には、出所者支援を始めた人、将来裁判員になる可能性のある子どもたちに考える力をつける講座を始めた人もいます。

ただ、裁判員には評議の経過などについて守秘義務が課せられているために、口を閉ざす人が少なくないのが現状です。経験者の声をもっと社会で共有できるようにし、議論を始める第一歩とするべきではないかと思います。

守秘義務のあり方や証拠開示の問題など裁判員制度そのものにも課題は少なくありません。より良い制度にしていくために経験者の声は貴重です。刑事裁判が被告人のためにあることは言うまでもありませんが、裁判員経験者の変化を見ていると、彼らの経験は、日本社会の民主的な基盤を強化し、社会の成熟を促す可能性を秘めていると感じています。

最近、政治学者であり、歴史学者である三谷太一郎・東大名誉教授が2005年に書いた「裁判員制度と日本の民主主義」という論文を見つけました。

「民主主義の質を決定するのは、その統治を担う『人民』（能動的人民）の質である。（中略）裁判員制度は、単なる司法制度に止まらず、日本の民主主義を支える『能動的人民』を将来に向って育成して行く重要な『政治制度』たるべきものなのである」

三谷さんのこの見立てがまさに現実のものであることを、私が出会った裁判員経験者たちの姿から実感しています。

大久保真紀（朝日新聞編集委員）

ひと山なんぼの裁判員

③ 誰のための裁判か⁉

しつこいようですが裁判員裁判も始まって10年になります。これまで、法廷で取材をしてきたメディアの方々からは、裁判員裁判になって革新的に変化したという話を聞きます。また、刑事裁判にたずさわる人びとにも影響があるとのことです。

例えば、検察はその予算を検事のボイストレーニングや法廷で配布する資料のための技術に注ぎ込み、組織的な取り組みとして法廷技術の向上に成功しています。一方、弁護人は各弁護士会による研修や弁護士個人の献身的な努力によって刑事弁護の技術向上に取り組まざるを得ない状況のようです。まさに、国の組織と個人（弁護士）との環境の差であり、歴然とした力量の差に直結する要因だと考えます。この「国家 対 個人」という図式は、そのまま「検察官 対 被告人」という図式に≒（ニアイコール）として成立するわけです。

つまり、刑事裁判とは「国家（検察官） 対 個人（被告人）」という構造が正確な解釈ということでしょう。その被告人の立場になってみると、これまで刑事裁判といえば裁判官が1人の単独事件の場合2つ、3人の合議体でも6つだった「目」が、裁判員

裁判になって18の目に見られることになり、とても「怖い」そうです。悪いことをしていてもしていなくても、たくさんの視線が法壇の上から自分に注がれることに恐怖を感じるのも理解できます。ただ、これまでのように予定調和で裁判官と検察官、そして弁護人が自分にはわからない言葉でゴニョゴニョとやりとりをして結果が決まってしまうのではなく、一般市民である裁判員にわかる言葉、つまり被告人にもある程度は理解できるやりとりで裁判が進行するようになったことは救いのひとつかもしれません。では、事件の被害者にとってはどうでしょうか。実は、裁判員制度とは無関係に２００８年より刑事裁判への被害者等参加制度が導入され、これまで蚊帳《かや》の外だった犯罪被害者の声が法廷に届けられるようになりました。裁判員裁判において、裁判官よりも被害者目線に共感しがちな裁判員に直接訴えることが被害感情の緩和につながっているのかどうか、それは未知数です。

このように、裁判員制度は裁判における各当事者との接点に少なからず影響を与えていると思われます。しかし、刑事裁判は被告人のための裁判であると裁判員当時に裁判官から聞きました。近代刑事司法において不変的なものなのだと思います。

（たぐち・まさよし）

4 裁判員経験者のその後

〈1〉裁判員経験者へのアフターケアとその後

❖……裁判員ビフォー・アフター

裁判員を務めている間は、裁判所で、裁判官その他の裁判所職員から親切に対応してもらえることが多いものの、裁判員を務める前後は、必ずしも十分な情報提供やアフターケアがあるとはいえません。

裁判員を務める前は、裁判員候補者になると裁判所から裁判員制度に関するパンフレットなどが送られてきますが、最低限度の知識しか得ることができません。裁判員の経験談をインターネットで探しても、詳しい書き込みはほとんどないようです。そのため、裁判員に選ばれて実際に何をするのか、法廷や評議はどのような雰囲気なのか、そもそもどのような服装で行けばよいのか、昼食はどうするのか、実際の日当はいくらかなど、肝心なことはわかりにくいのが実情です。

裁判員を務めた後は、心理的な負担の残る人のために、裁判員メンタルヘルスサポート窓口という仕組みがあります。電話やメールで相談することができ、相談結果に応じて臨床心理士と面接形式でのカウンセリングが行われます。電話やメールによる相談回数に上限は設けられていません。

カウンセリングは無料ですが、5回までに限られます。以前に、担当事件で殺害現場の写真や音声に接した裁判員が、心的外傷を負い、急性ストレス障害を発症したとして、違憲訴訟を起こした例があります（福島地方裁判所2014年9月30日判決）。この裁判員経験者は、カウンセリングが東京でしか実施されておらず、交通費が自己負担であることもあり、受けることを断念しています。近年、裁判員に残酷な写真を提示することは控える傾向にあるものの、裁判員の心理的負担の軽減は引き続き課題となっています。

❖……民間団体を中心とする取り組み

心理的負担の重くない裁判員経験者向けには、アフターケアがほとんどありません。判決を言い渡した被告人が上訴したかどうかも、問い合わせないと教えてもらえません。裁判員を務めた後のアンケートで希望すれば、裁判所の主催する裁判員経験者の意見交換会に出席できる場合はありますが、感想を尋ねられる程度です。

裁判員ビフォー・アフターのケアは、民間できわめて部分的になされているに過ぎません。2018年の時点で、事前の情報提供として、裁判員ネット（東京）で、時折、裁判員裁判の傍聴と模擬評議の参加者が募集され、大学生インターンによる報告会を兼ねた公開フォーラムが催されています。裁判員ACT（大阪）でも、裁判員裁判の傍聴ツアーが組まれ、裁判に関する講演会などが企画されています。裁判員経験者中心のLJCCでは、刑務所などの施設見学会があります。その他は、大学などで、裁判員裁判を含む法教育、模擬裁判員裁判や裁判員制度に関する講演会が行われる程度です。なお、裁判所によっては、団体の要請に応じて、裁判官と裁判員経験者が裁判員制度の出張説明会を実施している場合があります。

アフターについては、裁判員経験者ネットワークで、非公開の裁判員経験者交流会が、臨床心理士と弁護士の同席のもとに2、3か月に1回行われています。ビフォー・アフターの情報提供とケアを兼ねた取り組みとして、公開の裁判員経験者を含む意見交換会があり、裁判員ラウンジ（東京）、前述の裁判員ACT、LJCC（希望により全国で開催）、インカフェ（福岡）で定期的に開催されています。企画の日時を含む概要は、以下の各団体の案内のほか、ホームページやフェイスブックを参照してください。

飯　考行
（専修大学法学部教授）

〈2〉裁判員経験者の交流団体

裁判員ラウンジ

飯　考行

❖……発足

裁判員ラウンジは、裁判員経験者の体験にふれる機会は東京でも意外に少ないことから、公開企画としてスタートしたものです。専修大学法社会学ゼミナールの名義で主催し、２０１４年12月より、３か月に1回、原則として、3、6、9、12月の第2週土曜日に、神保町・九段下にある専修大学神田校舎の一室で行っています。なお、裁判員「ラウンジ」という名称は、大学のラウンジを会場にしていることによります（春夏の休暇期間中は教室を利用します）。私にとって、裁判員ラウンジは、ボランティア、教育と研究の混在する実験的な取り組みです。

❖……進行

14時に開始し、参加者同士の自己紹介後、法社会学ゼミ生による裁判員制度の概要説明や注目される裁判員裁判の紹介があります。メインスピーカーは裁判員経験者で、1時間程度、対話方式で、裁判員を務めた感想を、選ばれる前後を含めてうかがいます。来場者からも質問することができます。休憩を挟み、17時までは、自由な意見交換の時間となります。その後は、希望者で場所を移して懇親会を行っています。

毎回、学生（高校生、大学生、大学院生、法科大学院生）、市民、裁判員経験者、弁護士、法学者や記者など、20名前後の参加があります。回により、裁判員候補者、現職・元裁判官、受刑経験者、犯罪被害者や宗教関係者が来場することもあります。会場が大学構内で、比較的少人数ですが、事前申し込みは不要で、気軽にお越しいただけます。さまざまな年代と立場の方が集まり、毎回、裁判制度をめぐって活気ある意見交換が展開されています。

❖……運営を通じた気づき

裁判員ラウンジを始めて気づいたのは、裁判員経験者のアフターケアとして、自分の体験を語ってもらうのみでなく、抱えている法的な疑問に答えることも重要であることです。

裁判員ラウンジを運営する中で、裁判員を経験する市民にとって、弁護士、裁判官や刑事裁判が必ずしも身近ではないことが、裁判員制度が身近でなく、敬遠される傾向の背景にあると感じるようになりました。市民にとって、弁護士をテレビ番組の解説者として目にしても、身近に相談できる知り合いの弁護士のいる人は少なく、裁判官についてはさらに未知の部分が多いでしょう。

市民が、裁判員制度のみならず、実務法律家や法学者と身近に接することのできる機会としても、期せずして、裁判員ラウンジは意味を持っているように思われます。

裁判員ラウンジの簡易ウェブサイトのアドレスは、以下の通りです。裁判員制度に何らかの関心を持つ方のご来場をお待ちしています。

www.saibanhou.com/lounge.html

裁判員経験者ネットワーク　牧野　茂

❖……設立の経緯・目的

裁判員経験者ネットワーク（以下、「ネットワーク」と略称します）は2010年8月3日に裁判員経験者有志、弁護士、臨床心理士らにより設立されました。目的は、①裁判員経験者の貴重な体験を広く市民で共有化することと、②裁判員経験者の交流の場を設定して、心理的負担の軽減に役立てることの2つでした。代表世話人は弁護士・濱田邦夫（元最高裁判事）、弁護士・牧野茂（日弁連刑事弁護センター）、弁護士・大城聡（裁判員ネット代表理事）の3人です。なお、設立趣旨に賛同の各地の交流団体や弁護士が呼びかけ人として、多数の学者も協力研究者として参加され、ホームページにも掲載されています。

❖……活動

1　経験者の定期的な交流会開催

2010年9月20日にネットワークの第1回記念交流会を青山学院大学で開催しました。その後は2018年の9月16日までに2か月に1回のペースで40回の交流会を重ねています。ホームページから登録すると交流会の案内が届き参加できます。

2　公開シンポジウム、学習会や論文・書籍の公表

ネットワークの目的のもうひとつである、経験者の貴重な経験を社会に広める活動も、同時に行

っています。なお、ネットワークの主要メンバーと、司法記者や研究者、弁護士と裁判員制度の課題を検討する「守秘義務市民の会」（事務局弁護士・牧野）も交流会当日の午前中に開催されています。

２０１０年12月9日、最高裁判所長官あてに「裁判員の心理的負担についての裁判所の対応策への緊急提言」を提出し、報道されました。その後、さまざまな活動を経て、２０１５年、明治安田こころの健康財団から研究助成金を得て、裁判員の心理的負担の実情と解決策に関する調査を行いました。その結果をもとに、公開シンポジウムを開催し、２０１７年にそれは『裁判員裁判のいま』（成文堂）の出版にもつながりました。同年、取調べ録画の課題についての公開シンポジウムも開催しました。それは翌年、『取調録画ビデオ　その撮り方と証拠化』（成文堂）として出版されました。

❖……課題と展望

ネットワークという交流会があること自体、社会にあまり知られていません。他の交流組織も同じです。裁判所やメディアからの交流組織周知の協力があれば、任務終了後の裁判員経験者の心の負担軽減につながるし、候補者が安心できる裁判員体験談が広まって辞退率上昇への有効な対策にもなると思っています。

【裁判員経験者ネットワーク　連絡先】　https://saibanin-keiken.net/

一般社団法人裁判員ネット

大城　聡

一般社団法人裁判員ネット（以下、「裁判員ネット」）は、裁判員制度が始まる直前の２００９年4月に設立された市民団体です。制度開始時には制度に対して賛否両論さまざまな意見が出ていました。しかし、裁判員になる市民の視点からの意見はほとんどないように感じました。裁判員制度それ自体に反対する立場でもなく、無条件に賛成して制度を推進普及する立場でもなく、市民の視点から裁判員制度についての議論の機会をつくり、あるべき姿を模索し、情報発信を行っていきたいとの思いで設立時のメンバーが集まりました。これまでに30大学から１３０名以上のインターン生を採用しており、大学生や若い社会人のスタッフが運営の中心を担ってきました。

私たちの主な活動は、①裁判員裁判を傍聴し市民の視点からチェックする「裁判員裁判市民モニター」、②年2回開催している「フォーラム」、③法教育に関する講座、授業、④ホームページなどでの情報発信、⑤刑務所などの施設見学、⑥裁判員制度の改善に関する提言活動です。

２００９年8月に東京地裁で行われた全国初の裁判員裁判から「裁判員裁判市民モニター」を行っています。市民モニターでは、裁判員裁判を傍聴し、モニターシートの質問に回答してもらいます。裁判員ネットでは、これまでに３４５人の市民モニターとともに６５０件のモニターを実施しています。傍聴した裁判に関する模擬評議も39回行い、述べ３１７人が参加しています。

裁判員裁判では、一般の市民が「見て、聞いて、わかる」裁判を行うことが目指されています。

そのため傍聴席からでも裁判員とほぼ同じ情報を得ることができます。傍聴席から裁判員裁判を「経験」し、その経験をもとに制度を検証することができるのです。

私たちは、この市民モニターによって、市民の声を集積・検証することで、今後の裁判員制度の見直しに活かしたいと思っています。また、傍聴や模擬評議を通じて、実際の裁判員裁判にふれることで、「裁判員になるかもしれない市民」に対して、司法についての知識と体験を得る機会を提供することで市民の「司法リテラシー」の向上を目指しています。

市民モニターなどの活動を通して市民の声を積み重ね、裁判員制度に関する「市民からの提言」を行っています。これまで2011年、2012年、2014年、2018年に守秘義務の緩和などの提言を発表しています。また、2015年の裁判員法改正では、「市民からの提言」に基づき衆議院法務委員会で参考人として意見陳述しました。

私たちは、これまでの活動を通じて、いつか裁判員になるかもしれない市民が、裁判員制度や市民参加を身近なものとして、いわば「他人ごと」ではなく「自分ごと」として真摯《しんし》に向き合うことの大切さを実感してきました。裁判員制度の次の10年に向けて、みなさんとともに裁判員制度や市民参加について知り、考えることを続けていきたいと思います。

【一般社団法人裁判員ネット　連絡先】　http://www.saibanin.net/

LJCC Lay Judge Community Club 裁判員経験者によるコミュニティ 田口真義

LJCCは2012年8月に立ち上がりました。全国に裁判員裁判をテーマに、または裁判員経験者を中心にした任意団体はいくつかありますが、裁判員経験者だけで構成された集まりは、このLJCCだけです。参加メンバーは、北は青森県から南は鹿児島県まで、広範囲にわたって点在しています。

活動理念として、「共有」、「還元」、「公益」を掲げています。まず、地域を問わない全国各地での交流会で自分たちの経験を共有し、そこから生まれた言葉（メッセージ）を各地の講演会や大学などの講義で還元します。その結果、社会の役に立つ、つまり公益につながることを願いながら細くとも地道に活動しています。

具体的には、各地のメンバーからの希望や事務局の企画で年に数回の交流会開催が活動の軸になります。そして、やはり年に数回の頻度で大学や市民団体、自治体などからも講演依頼をいただき、ご協力いただけるメンバーや一家言《いっかげん》あるメンバーが出向きます。さらに、自分たちが裁判員だったときの経験や欲求から、刑事施設の見学を企画し実践しています。概《おおむ》ね東日本側と西日本側で年間1か所ずつの刑事施設を見学してきました。一般の刑務所だけでなく、半官半民のPFI施設や刑事施設とは違いますが依存症回復施設など幅広く選択し、見識を広める貴重な機会となっています。

LJCCの独自性（こだわり）は、当事者性と寛容性、そして低コストです。法律家やメディアなど専門家が中心になって企画、運営している団体がほとんどの中で、裁判員経験者だけで構成し、自分たちで企画、活動するということを徹底しています。裁判員経験を通じて、自分たちが社会における主体であるということを学びとった結果です。

その活動において、当事者として主体的に参加する一方、非当事者である裁判員未経験者の参加も歓迎していて、交流会などにはメディアだけでなく裁判所職員や宗教家（僧侶）などの一般市民（⁉）も参加されます。基本的に関心を持つ方なら誰でも「サポーター」として参加できます。

そして、会費や参加費等の運営にかかる費用がゼロであることです。メンバーになるのに入会金や年会費等は一切なく、交流会などの活動に参加するのも費用はかかりません。必要なのは自分が移動するための交通費のみです。それでも運営が成り立つように工夫することこそが裁判所などの公的機関にはできない一般市民の強みだと自負しています。

これから裁判員になるかもしれない方たちには、「ぜひやってみてください！」とは口が裂けても言えません。ご存知のとおり、良い経験だったという評価の一方で、精神的にも肉体的にも、そして経済的にもマイナスの影響が少なからずあります。専門家などのフィルターを介さない生粋《きっすい》の裁判員経験者の話を自分の耳で聴いて、その良し悪しを自分で判断してみてください。

【Lay Judge Community Club 連絡先】 https://www.facebook.com/LJCC3181
https://twitter.com/LJCC3181
ＬＪＣＣ事務局　080-6882-3181　ljcc3181@gmail.com

市民の裁判員制度めざす会

下澤悦夫

❖……当会の目的・性格

当会は、２００１年６月の司法制度改革審議会意見書における提言を受けて「市民の裁判員制度めざす会」との名称で２００３年７月に設立された団体です。その名称に示されているように、市民のための裁判員制度を実現することを目的としています。裁判員経験者を中心とする団体ではなく、「気軽にやろう、楽しくやろう、続けてやろう」を合言葉に市民の立場から裁判員制度を考え、その結果を発信していくことを目指す市民グループです。当初は一般市民の他に弁護士など法曹を含めて約20名の会員が活動していましたが、次第に会員が減少し、現在では約10名弱の会員で活動している状況です。

❖……これまでの活動内容

１　原則として毎月１回、会員による例会を開催しています。そこでは市民が参加しやすい裁判員制度の実現のための企画を検討するとともに、これに関連する調査を実施してきました。

２　２００９年５月に裁判員制度が施行されましたが、そのころに裁判員の守秘義務に関してメディア関係者とのシンポジウム、裁判員制度の運用に関する法曹三者とのシンポジウムを開催しました。

３　さらに市民向けに「裁判員の評議」を行う模擬裁判を２回上演しました。また、この模擬裁判を録画したＤＶＤを利用して、学校の授業、学園祭のイベント、自治体開催の市民向け講座を対象にした、会員による裁判員裁判の「出前体験会」を開催してきました。

４　当会が実施した複数の裁判員裁判の裁判員経験者に対する聞き取り調査の結果、彼らの強い関心事のひとつが実刑を科せられた被告人のその後の更生の可能性の問題でした。その結果を踏まえて会員による共同の事例研究会を行いました。その成果が２０１２年の報告書「裁判員経験者の視点を取り入れた刑罰の考察」として結実しました。

５　その他にさまざまな提言をしてきました。裁判員制度のあり方、裁判員選任期日と公判期日との分離、裁判員経験者に対するメンタル面のサポート、車椅子利用者の法廷へのアクセス改善などを裁判所に提言してきました。

❖……裁判員経験者や将来裁判員になる人たちへのメッセージ

私たちは、これまで市民の立場を重視し、市民が参加しやすい裁判員制度を目指してさまざまな活動をしてきました。裁判員制度実施後10年が経過し、その制度は市民の間に定着したともいえるのですが、他方では市民の興味と関心が薄れてきているようにも思われます。そこでこのたび、このような問題に関する議論や取り組みの経過と内容を、インターネット上に開設した「市民の裁判員制度めざす会」のブログ「司法への市民参加を考える」（http://blog.livedoor.jp/saibanin_jp/）に掲載し、広く市民に公開することにしました。

【市民の裁判員制度めざす会　連絡先】　kyriestauros@gmail.com

〝裁判員ACT（アクト）〟裁判への市民参加を進める会　川畑恵子

❖……市民の視点で裁判員裁判を考えよう

「〝裁判員ACT（アクト）〟裁判への市民参加を進める会」（以下、「ACT」という）は、裁判員裁判が始まった2009年、社会福祉法人大阪ボランティア協会（以下、「ボラ協」という）で活動を始めました。ボラ協は、1965年、全国に先駆けて誕生した民間の市民活動サポートセンターです。市民活動を活発にすること、市民参加型の社会課題解決や市民社会の創出を目指して、専従職員とボランティアが協働してさまざまな事業に取り組んでいます。ACTもこの事業のうちのひとつで、「裁判への市民参加の意義や私たちの役割について、市民の視点で考えていこう」という趣旨で始まりました。ACTには裁判員経験者を含む市民の他、弁護士や研究者、新聞記者など十数名が参加しています。月1回の例会で、市民向けの公開企画を練ったり、裁判員経験者や裁判官、検察官など、さまざまなゲストを迎えて学習会を開催したり、会議後はいつも飲んで懇親したりと、楽しく賑やかに集まっています。

❖……市民と専門家の協働が生み出した活動

ACTでは、裁判員経験者の話を聞くことのできる、基本的な学習会を毎年実施しています。他にもこれまで、裁判員経験者や検察官などをゲストに迎えたラジオ番組（webで聴取可）、裁判員経験者の交流会、裁判所への提言、連続セミナー「裁判員裁判から見えてくる社会的孤立」（報告書有）、裁判員裁判の傍聴と情報誌への連載など、さまざまな活動に取り組んできました。2018年にはそれらの活動が認められて、NPO法人刑事司法及び少年司法に関する教育・学術研究推進センター（ERCJ）の「第6回 守屋賞」をいただくことができました。これらの活動の概要はwebで報告しており、Facebookページや ACT通信（メールマガジン）でも情報提供しています。

❖……裁判員裁判を、もっと語り合おう

候補者や裁判員になった方には、ぜひACTが公開している「裁判員ノート」をご一読いただきたいと思います。「裁判の基本ルールを理解しよう」、「分からなければ被告人や証人に質問しよう」、「納得できるまで議論を尽くそう」、「被告人のその後が気になるなら（裁判所に）聞いてみよう」、「貴重な経験を語ってください」など、7項目の裁判員の心構えをまとめています。そして、そこからまた、新しい対話が広がることを願っています。

【〝裁判員ACT（アクト）〟裁判への市民参加を進める会 連絡先】
〒540-0012 大阪市中央区谷町2丁目2-20 2F（福）大阪ボランティア協会内
電話：06-6809-4901 Eメール：office@osakavol.org
URL：http://www.osakavol.org/08/saibanin/index.html

裁判員交流会 インカフェ九州　上野朗子

1990年代に傍聴した裁判は、裁判官・検察官・弁護士の三者が専門用語を繰り出し、傍聴人、そして被告人をも置き去りにして進行しているようでした。裁判は誰のために行われるのか疑問でした。そういう思いの中、司法制度改革を経て2009年に始まってしまった裁判員制度。国民が主体的に関わる新制度は鳴物入りで吹聴《ふいちょう》されましたが、果たしてどれほど浸透したことでしょうか。実際、私のまわりの人に裁判員制度の話をすると、「てっきり終わったと思っていた」、「私には関係のないこと」等と無関心な人だらけです。そういう私も裁判員になるのは、不安なことばかりだと思っていました。それは、法廷で初めて見る人に罪を問い、罰を与えるなんて、懲役や極刑の実情を全く知らない私ができるとは到底思えなかったからです。

2014年に裁判員経験者と一緒に「裁判員交流会 インカフェ九州」を立ち上げました。参加者は裁判員経験者をはじめ、未経験者の市民、弁護士、法学者、報道記者、保護司、少年鑑別所職員、裁判官、元受刑者と多種多様な人たちです。裁判を終え、「もやもや」、「なぜ」等、いろいろな思いを抱えた裁判員経験者に、お茶を飲みながら和やかな雰囲気の中で自由に話してもらう語り場がインカフェです。話をすることは、心を開放することだと思います。裁判員経験者から「心が軽くなった」、「疑問が晴れた」という声が聞こえました。経験者の話を聞くことは、その経験を共有することです。将来、裁判員を務めるときの心構えができると思いました。

そこで提案です。ボランティアのひとつとして裁判員を務めるのはいかがでしょうか。そんな軽い気持ちで裁判員をやるものではないとお叱りを受けるかもしれませんが、全く見ず知らずの誰かのために一生懸命尽くすボランティア精神は裁判員にこそふさわしいといえませんか。他人事と思っていたことを自分事として考えることは難しいですが、自分の身近な人を心配するように、裁かれる人に心を寄せ、真摯《しんし》に向き合うことは、罪を償い社会に戻ってくる人に対する私たちの役目だと思います。

裁判員を務めて、被告人の行く末が気にかかると話す裁判員経験者たちがいます。「なぜ犯罪が起きたのか」、「事前にサインが出ていたと思うが、そのサインを見落としたのはなぜか」、「被害者はもちろんだが、加害者も不幸だ」、「手を差し伸べる人がいたならば、防ぐことができたのでは」、「罪を犯した人は罰を受けるのが妥当なことだが、果たしてその罰の意味を理解できないような人にも妥当といえるのか」等、その手から離れた人を思う気持ちが残っているようです。

犯罪は私たちのこの社会で起きています。だからこそ、罪を償った人がいずれこの社会に戻ってきたときに、特別視することなく社会の一員として認めることが、ひいては新しい犯罪への抑止力となるのではないでしょうか。

【裁判員交流会 インカフェ九州 連絡先】 https://www.facebook.com/incafekyushu/

ひと山なんぼの裁判員

④ 概ね問題ない!?

「裁判員の参加する刑事裁判に関する法律」（裁判員法）の附則第9条には、「（法）施行後三年を経過した場合において、この法律の施行の状況について検討を加え、必要があると認めるときは（中略）所要の措置を講ずるものとする」と書かれています。要するに、裁判員制度の運用開始から3年くらいを目処《めど》に見直しをして、より良くなるように改正をしましょう、ということです。

制度施行前からさまざまな問題点が指摘されていて、いざ施行された後は私たち実際の裁判員経験者や裁判（事件）の関係者から実感を込めていろいろと指摘されてきた裁判員制度です。当然、それら当事者の声を拾って、あるいは耳を傾けて、「より良い司法制度」となるように柔軟に、活動的に改正されていくものだと思っていました。

しかし実際は、3年ではなく4年が経ってから見直しが始まり、5年でようやく改正案がまとまり、改正法が施行されたのは6年が経過した年の暮れでした（2015年12月12日改正裁判員法施行）。改正された点は、①超長期裁判の裁判員裁判除外、②性犯罪事件に関する被害者のプライバシー保護、③大規模災害被災者の裁判員除外、

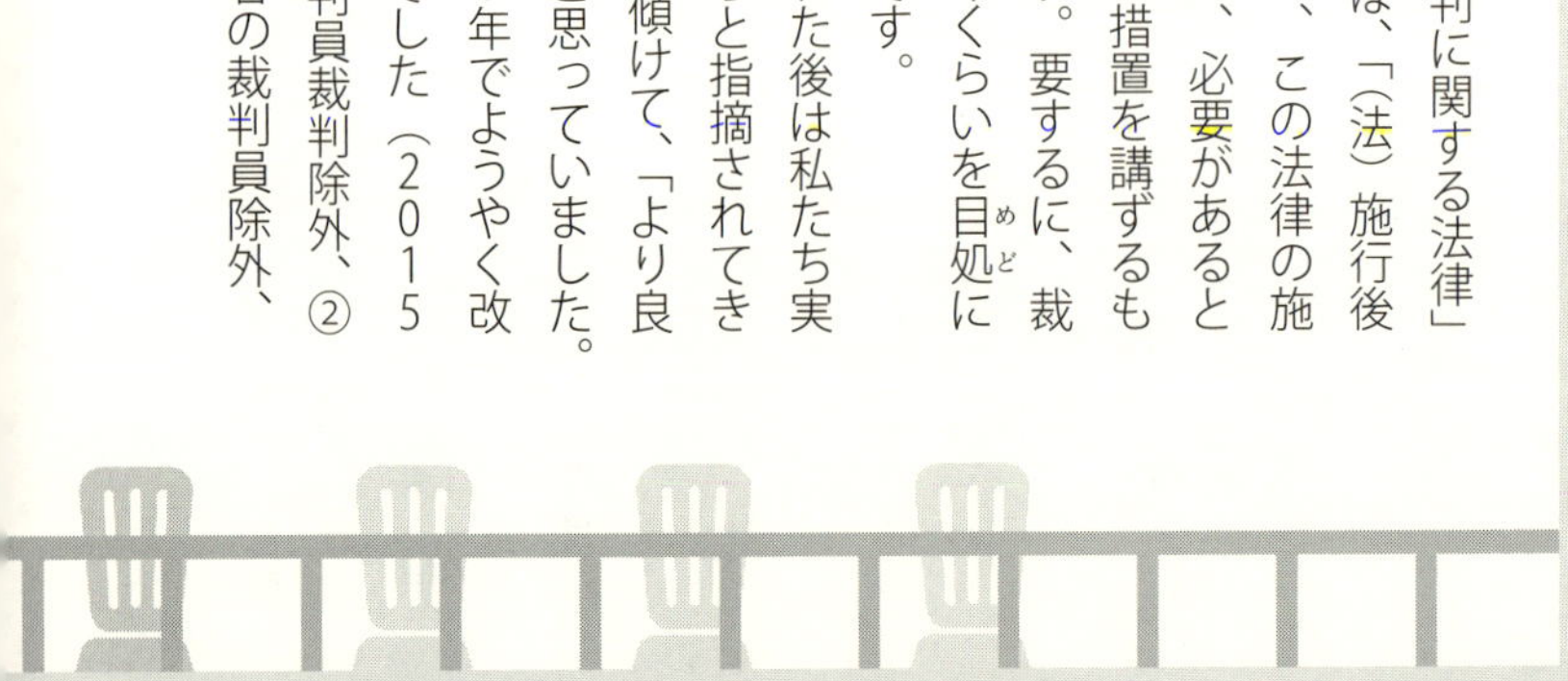

そして改正法施行3年後（2018年12月）に再び見直しをするという4点でした。このとき、最高裁判所や法務省など運用する側の意見は、「概《おおむ》ね問題なくできている」とのことでした……。いったいどこに目を向けたらそのように映るのでしょうか。

たしかに、再度の見直しも含めた右記の改正点は必要だし重要だと思います。ただ、そのときの時事的な出来事に対する対症療法で付け焼き刃的な改正は、2年も3年もかかって練られたものとは思えません。見直すべき点は本当にそれだけでしたでしょうか。そうだとすると裁判員の急性ストレス障害（PTSDとは違います）や裁判員への（威迫ともとれる）声かけ事件、裁判員等選任手続への出頭率低下は予想外の事象ということでしょうか。それだけではありません。死刑などどんな刑罰かを知らないまま判決を言い渡したり、証拠などの判断材料が不全なまま判断を迫られたりもします。一方で、犯罪者や刑務所出所者の社会復帰支援も充実しているとは言い難いです。

「概《おおむ》ね問題ない」わけないです。私たち裁判員はじめ当事者の声に耳を傾けてこそ真の問題が見えてくるはずです。運用する側の虚心坦懐《きょしんたんかい》な姿勢が求められます。

（たぐち・まさよし）

5 実況中継！　裁判員ラウンジ

　ここでは、裁判員ラウンジ参加者の「生の声」をお届けします。エッセイ風に、ところどころにイラストを交えて、裁判員裁判や裁判員ラウンジのリアルをご紹介します。

「裁判員は見た！」は、裁判員経験者によるエッセイです。裁判員経験を通じて見たこと、聞いたこと、感じたことを、ありのままに語っています。これから裁判員裁判を経験する人、とりわけ裁判員裁判の期日が迫っている人、裁判員候補者の通知が届いてアタフタしている人のお役に立てること間違いなしです。寄稿した裁判員経験者の思いはひとつ。自分たちの経験を参考にして、「明日、裁判員になるかもしれない〝あなた〟により良い裁判員経験をしてほしい」ということだけです。

「ラウンジにほえろ！」は、裁判員経験者ではないけれど裁判員ラウンジに参加した人たちの声です。裁判員ラウンジについて、そして裁判員制度や日本の司法のこれからについて、裁判員経験者と同じ市民目線で語っています。

「裁判員あるある」は、裁判員経験者が「裁判員は見た！」のなかで語り尽くせなかったことをオマケとしてまとめたものです。これから裁判員を経験する人にとっては知っておいてよかったという重要情報が、すでに裁判員を経験した人にとっては共感して胸がスッと軽くなるこぼれ話が隠れているかもしれません。

裁判員ラウンジの参加者は、実に多種多様です。飛び出す意見も、十人十色です。本書の中にも、さまざまな立場の、いろいろな参加者の声が掲載されています。それらを参考にして、読者のみなさまもぜひ「裁判員ラウンジ」という取り組みを、全国津々浦々あちらこちらの社交場で実践してみてください。

それでは、裁判員ラウンジと同じく、リラックスした雰囲気の中で、市民の、市民による、市民のための裁判員よもやま話をお楽しみください。

裁判員は見た！ ①

◆ 裁判員経験者　悩み苦しまないために

【基本情報】

名前……………………E
性別……………………女性
裁判が行われた時期……2010年6月
裁判当時の年齢…………30歳代
裁判当時の職業…………歯科医師
裁判当時の住まい………東京都
裁判を担当した裁判所名…東京地方裁判所
担当した裁判の延べ日数……3日間

【担当した裁判の概要】

私が担当したのは、無差別殺人を予告した被告人が、予告した場所とは違う場所で、万引きした包丁を使って見ず知らずの女性の背中を刺したという事件でした。現行犯で逮捕されており、公判前整理手続で大きな争点はなく、当初から3日間の予定の裁判でした。裁判当日、裁判長が被告人の名前を尋ねると、被告人は違う名前を名乗りました。ひとりの弁護士さんが裁判のやり直しを訴え、混乱した幕開けとなりました。一時休廷となり、協議の結果、裁判は予定通り行われました。罪状は殺人未遂罪で、判決は有罪。被告人は懲役10年に処せられました。

【これから裁判員になる人たちに伝えたいこと】

◆断らないで

毎年11月に裁判員候補者が選ばれています。最近、辞退率が過去最高になり、選任手続の出席率が過去最低になったというニュースを知りました。私は２０１０年、制度開始2年目で、裁判員裁判の情報も少なかったので、呼ばれた通りに選任手続に出席しました。私と同じように多くの人が出席していました。裁判員は「負担が大きい！」、「大変！」、「苦しい！」のイメージが定着してしまっている今日この頃、もし私が２０１０年ではなく今、選任手続に呼ばれたら、できれば行きたくないと断り方を検索していたと思います。それは裁判員として市民が裁判に参加する意義や社会に対してプラスになる理由を知らなかったからです。「大変らしいから」だけでどうか辞退や欠席はしないでほしいと思います。

◆たしかに私は苦しみました

何も知らずに裁判員となり、裁判に参加した私は後悔しました。裁判長と同じ一段高いところに座り、さっきまで「今日の夕飯を何にしよう」と考えていた私にすごい責任がのしかかったと思ったからです。難しい国家資格を持った人の隣に座るなんてとんでもない、でも頑張って真摯《しんし》に向き合わなくてはと、戻れない電車に乗ってしまったようでした。知らないってこんなに恥ずかしいことだったのかと裁判が終わってから悩み、それが苦しみに変わったのです。あれで良かったのか、なぜ私は悩んでいるのかと悶々《もんもん》とした日々を送りました。

◆漠然とですが答えを見つけられました

裁判員を経験して、自分の意見を言う力を育むこと、相手の意見を受け入れる力を持つこと、いろいろな経験を積むことが大切だと感じました。一番大切だと思ったことは、犯罪を他人事に思わないことです。それが犯罪の抑止につながるのではないでしょうか。すなわち、犯罪をした人を悪い人として見るのではなく、犯罪を起こしたことが悪いことなのであって、社会全体で被告人を再び社会に受け入れることができれば再犯防止につながるのではないかということです。裁判員を経験することで、犯罪を他人事に思わない人が増えることは、社会全体が良くなることにつながると思います。裁判員としての経験は、たしかに少し大変です。でも、社会が良くなることにつながるなら納得できるのではないでしょうか。

◆苦しまない答えがはっきりしました

「私のような悩みや苦しみを、これから裁判員になる人、将来、選挙権を持ったら候補者になるだろう子どもたちには味わってほしくない」という思いから、裁判員ネットの裁判員裁判市民モニター（http://www.saibanin.net/monitor/）などの活動に参加し始めて、はっきりとした気づきがありました。具体的には、裁判員裁判を傍聴し、模擬評議を経て判決を出すといったような活動の中からの気づきでした。模擬とはいえ、実際に裁判を傍聴するからみんな真剣に考えました。私は裁判員を経験したときと、裁判傍聴を合わせて、「裁判」というものを3回経験しました。評議の最中に「次はどう考えたらいいか」がわかっていると客観的に議論をとらえられること、そうすると感情に飲まれず疲労度が少なくなること、それぞれの意見をどこか納得して受け入れられている自分がいることに気がつきました。

初めて模擬裁判に参加した知り合いのママたちは、「モヤモヤ感が拭えない」、「何だかずっと考えちゃう」、「頭をすごく使うから疲れた」、「（他人の）人生を決める人のひとりになるかと思うと……」など、モヤモヤした気持ち、納得した議論ができなかった感想、これで良かったのかといった戸惑いを口にしていました。私も初めての裁判員裁判が終わった後、同じ気持ちになっていたのを思い出しました。これはなぜだろうと考えました。そして、それは裁判員裁判について知っているか知らないか、経験したかどうかではないかと思ったのです。もし、裁判員を経験する前に、一度でも市民モニターなどに参加し、裁判員裁判傍聴と模擬評議を経験していたら、きっと悩み苦しむ時間はなかったと思います。知らなかったことを恥じ、私の経験した裁判員裁判に関わっていた方々に申し訳ない気持ちになりました。

これから裁判員になる可能性がある方には、ぜひ私の経験を知ってほしいと思います。まだまだ教育環境や裁判員の環境整備の改善が必要だと思います。候補者となった場合に、誰もが断らずに参加できる環境の整備を願っています。

裁判員は見た！ ②

◆裁判員経験者　量刑と被告人のその後

【基本情報】

名前……………小田篤俊
性別……………男性
裁判が行われた時期……２０１０年７月
裁判当時の年齢……30歳代
裁判当時の職業……会社員
裁判当時のお住まい……東京都
裁判を担当した裁判所名……東京地方裁判所
担当した裁判の延べ日数……４日間

【担当した裁判の概要】

２０１０年６月に、東京地裁で強盗致傷事件の裁判員裁判に参加しました。都内某駅の店の経営者が、銀行から金を引き下ろして店へ戻る間に、３人組に現金を強奪されたという事件でした。被告人がその事件を計画した主犯かどうかが争点でした。求刑は懲役13年で、判決は懲役８年６月でした。

【これから裁判員になる人たちに伝えたいこと】

私の担当した裁判員裁判は、秋葉原連続殺傷事件の被告人が初めて法廷に出る日と重なりました。霞ヶ関駅に多くの人がいたのを覚えています。

私の担当した裁判員裁判では、被害者のケガがそれほど大きくなく、少なくとも血は出ていませんでした。裁判が終わってまず感じたことは、人が死ぬような殺人事件ではなくて良かったということでした。死刑判決ではなくて良かったと、本当に思いました。

裁判員裁判では、被告人が有罪か無罪かだけでなく、量刑も決めます。ただ、量刑を決めることはどうもしっくりきません。私の参加した裁判の判決は懲役８年６月でしたが、懲役８年と９年と、どこが違うのか、よくわかりません。被告人が受刑を終えて出てきて、もしどこかで会うようなことになった場合に、刑の長さについてどのように説明したら良いのかなと思います。

裁判の後、被告人が、どこでどのように何をして受刑者として過ごしていくのか、実はまったくわかっていませんでした。裁判が終わって少し後に、当時の千葉法務大臣が刑場公開を行いました。自分も裁判員を務めて、関心を持ち、いろいろと本を読んだり、弁護士の話を聞いたりして、ある程度知っている気はしていましたが、結局何もわかりません。その後、裁判員を経験した人が集う会で、年に2、3回、受刑者がどのように生活しているのかを知るため、刑務所見学に行っており、自分も参加しています。本当は順番が逆で、裁判に参加する前に、または裁判員に決まった時点で、刑務所を見学する機会があっても良いと思います。いろいろな刑務所があることもわかりました。

判決の懲役8年6月には、当時、被告人に更生してほしい思いがありましたが、多くの刑務所を見た後で気づいたのは、現実の8年6月は、おそらく相当かけ離れていることです。今は、どう考えても8年6月は長かったのではないかと思っています。

被告人は、間もなく刑務所から出てくるのではないかと思います。実社会の中では、同じ市民として、またどこで会うかもしれません。そのようなことも含めて、裁判員として関わることによって、自分もあらためて同じ一市民であったと実感できます。いろいろな裁判を傍聴すると、自分が裁かれる側になる可能性は、少なくとも自動車を運転していれば、十分あります。そのようなことを考えながら、裁判員を務めた7年前から今にいたっています。
(注) 小田さんは、2017年秋に逝去されました。この文章は、2017年5月6日に四谷で開催されたNPO法人マザーハウスのフォーラム「裁判員裁判を体験して」にて、パネリストとして小田さんが登壇された際の自己紹介の概要です。謹んでご冥福をお祈りいたします(文責:飯　考行)。

裁判員は見た！ ③

◆裁判員経験者　勤務先の理解を得よう

【基本情報】

名前……………………木村宏之
性別……………………男性
裁判が行われた時期……２０１１年11月
裁判当時の年齢…………40歳代
裁判当時の職業…………会社員
裁判当時の住まい………東京都
裁判を担当した裁判所名…東京地方裁判所
担当した裁判の延べ日数…12日間

【担当した裁判の概要】

私が担当したのは、強盗殺人、強盗傷人等の事件でした。事件当日、福島県から東京へ出てきた被告人は、中目黒の閑静な住宅街のとある一軒へ百貨店の配達員を装って押しかけ、見ず知らずの夫婦に対して犯行におよんだというものでした。夫を殺害し、妻を殴打し手足ところ構わずナイフで切り刺して、逃走したという事件です。

被告人は、金銭の搾取を目的としておりました。「どこでもよかった」、「誰でもよかった」と言っておりました。殺傷能力の高いナイフを所持しており、通り魔的な犯行でもありました。わざわざ福島県から東京・中目黒に来たのは、「お金持ち」が多いイメージがあったためと話しておりました。被告人は、殺意を否認し、強盗致死、暴行を主張しました。評議の結果、求刑通り、無期懲役の判決となりました。

【これから裁判員になる人たちに伝えたいこと】

ワイドショーなどの報道で、事件のことはある程度知っていましたが、判決が出るまで、インターネットで調べませんでした。裁判員は男性５名と女性１名、補充裁判員は男性３名でした。男性が多かったものの、評議への影響はなかったと思います。裁判員同士で、氏名、住所、職業もわからず、番号で呼び合っていました。

公判は、まるで台本があるかのように粛々《しゅくしゅく》と進みました。自分も他の裁判員も質問しました。犯行現場のカラー写真は、非常におどろおどろしく、モニターで見てうつ状態になりました。しかし、現物を見る方が正しい判断に近づけると思います。評議でいろいろな意見、考え方が出て、判決にいたりました。わかりやすく、疑問を感じるところはありませんでした。その後、被告人が控訴したと聞き、自分たちの判断に泥が塗られたと感じました（その後、控訴棄却）。

私は、裁判員を務めて良かったと思っています。評議を通じて、物事を多角的に見ることができるようになり、自分自身の価値観の変化がありました。他の方の意見も聞けましたし、人の人生そのものにふれることができ、自分の人生にとってプラスになったと思っています。

ただし、仕事との関係で不都合がありました。裁判員候補者選任通知と「呼び出し状」が届いた際、裁判員に選ばれたら休むかもしれない旨を、上司に伝えました。会社で初めてのケースだとして、頼りなげでした。結局、その上司はどこに話せば良いかわからなかったようで、社内に伝わっておらず、当時の勤務先の理解が得られず、10日間「無断欠勤」扱いとなっていました。その後、しばらくの間、無職状態になりました。「呼び出し状」が届いた段階から、勤務先に連絡し、その理解をしっかりと得ることが必要であると思います。

裁判員経験後、ＬＪＣＣの活動に参加しています。ひとりでも、二人でも、裁判員になった方、なるだろう方の力添えになることができればと考えています。裁判員を辞退する方が多くなっているという話を聞いていますが、ご自身のスケジュールが許せば、ぜひとも参加してみてはいかがでしょうか。

裁判員は見た！④

◆裁判員経験者　疑問は評議でスッキリと！

【基本情報】

名前……………………材木谷里夏
性別……………………女性
裁判が行われた時期……2012年2月
裁判当時の年齢…………40歳代
裁判当時の職業…………主婦
裁判当時の住まい………北海道
裁判を担当した裁判所名……函館地方裁判所
担当した裁判の延べ日数……5日間

【担当した裁判の概要】

私が担当したのは、手をつないで歩道を歩いていた親子連れ、お父さんとお子さん二人を被告人が背後から軽自動車で撥《は》ね、助けに入った男女二人も殴ってケガを負わせたという事件でした。被告人は、殺人未遂罪と傷害罪で起訴されていました。殺意の有無、そして責任能力の有無が争点となりました。被告人が軽度の妄想性障害だったため、弁護側が心神耗弱《しんしんこうじゃく》を主張したからです。被害者と被告人には面識がなく無差別だったことで動機がはっきりしない点、何より被告人に関する情報が少なく、被告人の普段の生活、性格、人となりがわからないので、「何をしたのか」という事実の部分はわかっても、「なぜ」「どうして」の部分がわからない裁判でした。

【これから裁判員になる人たちに伝えたいこと】

私の裁判員としての5日間は、親子ゲンカから始まりました。裁判員に選任された日、その旨を母に連絡したところ、「なぜ、そんな詐欺にひっかかるの！」とヒステリーをおこされました。なぜが90歳を過ぎた祖母に裁判員の候補者に選ばれたという通知が届いたようで、私も詐欺にひっかかっているのだと思ったようでした。裁判所で選任されたということや、裁判員について説明しましたが、「裁判」のイメージが悪いらしく聞く耳を持ってくれませんでした。「辞退しろ」、「関わるな」の一点張りでした。私はそんな母の態度に無性に腹が立ち、なぜか国民の三大義務（教育の義務・勤労の義務・納税の義務）まで持ち出し、「自分の好きなことだけやってたら世のなか回らないのよ！」と大ゲンカになりました。今から思えば、このケンカによって裁判員に選ばれた不安や重圧が吹き飛び、冷静になっている自分がいました。

私が裁判員裁判を終えて一番に思ったことは、「私たちって、必要だったの？」でした。そう思った要因は、量刑の出し方に疑問を持ったからでした。裁判員裁判の存在自体に疑問を持ち、そしてその気持ちは時間が経っても消えることがなく、ずっとモヤモヤを引きずっていました。今思うと、裁判官、検察官、弁護士がやっていることには、疑問があっても素人である私たちは口を出してはいけないのではないかと思って、言いたいことが言えなかったのだと思います。素人だからこそ、市民感覚だからこそ、思った「なぜ」や「どうして」の疑問が大事であり、その疑問を納得できるまで聞いて解消しなければならなかったのだと思います。

では、今の自分が裁判員をしたことを後悔しているか。答えは「いいえ」です。私は裁判員を経験して良かったと思っています。被告人の更生を願う気持ちを持てたこと、また被害者の方を目の当たりにすることで被害者支援の重要性を知りました。犯罪も被害者支援も被告人の更生も、私たちの市民生活の中でのことであり、決して他人事ではありません。裁判員の経験は、それまで無関心だった私が多くの大切なことを知る貴重な機会となりました。

裁判員は見た！⑤

◆裁判員経験者　DVDで残した記憶

【基本情報】

名前……………………田中　洋
性別……………………男性
裁判が行われた時期……2012年3月
裁判当時の年齢…………60歳代
裁判当時の職業…………会社員
裁判当時の住まい………東京都
裁判を担当した裁判所名…東京地方裁判所
担当した裁判の延べ日数……8日間

【担当した裁判の概要】

保険金目的の殺人事件でした。以下、主犯をA、従犯をBとします。私が裁判を担当した被告人は、Bでした。A、Bは自社で雇った従業員を自殺に装って殺害し、2000万円を死亡保険金としてだまし取ったという事件でした。仕事上の「決意表明」などと称して被害者に遺書のようなものを作成させ、Aが首つり殺人を行った後、Bが遺体の第一発見者となり、警察官に対し、被害者には自殺の動機があったかのような話をして、保険金をだまし取ったのでした。Aが計画、殺害実行者（後に無期懲役）、Bが自殺の偽装工作、保険金請求やロープを準備していました。

【これから裁判員になる人たちに伝えたいこと】

◆法律のこと、何も知らないけど大丈夫ですか？

私は、特別な法律知識は必要ないと感じました。裁判官が教えてくれます。ただ、後になって、一般常識と公平性は必要かなと思いました。

◆評議の席で発言する人、しない人

裁判長がひとりずつ意見を聴くので、公平に発言をする必要はあります。バラバラの意見のときには、裁判官2人が交通整理をし、裁判長がまとめ役でした。

○裁判長からの心構えのアドバイス

イ　被告人が有罪かどうか、証拠に基づいて納得すること
ロ　疑わしきは被告人の利益に。被告人に対する話し方、態度に注意すること
ハ　納得するまで評議すること（我々は夜7時頃まで話し合っていました）

◆守秘義務について

まわりの人びとの中には一切裁判のことについて言ってはいけないと思っている方が多いです。しかし、裁判長からは、言ってはいけないこととして、
イ　全ての量刑に関すること
ロ　裁判官、裁判員の意見。支持・反対した人の人数、名前、多数決の人数など
ハ　途中経過。どのようにして結論にいたったかの3点を言われました。これら以外は何を言ってもOKだと思っています。

◆勤務先の対応

私の場合は、選挙と同じ扱いでの休みでした。職場の環境の違いにより休めないという方も多いので、今後は国として、裁判員休日制度とか、何か考える必要があると思います。

◆やりがい

犯罪は新聞、テレビ上での出来事で、私には他人事でした。しかし、裁判員経験後、全く違う人生を考えさせられました。すべてが新しい出来事で、ドキドキ感があり、新鮮で経験したことのない世界でした。

◆自分の人生に与えた影響

見知らぬ老若男女が責任感を持って被告人のことを考え、ひとつの目的（量刑を決める）のために真剣に意見を言い合い、ひとつの結論を出したこと。まさしく、これが「民主主義」だと実感しました。裁判後、この有意義な経験の記憶を残すために、裁判に関するＤＶＤを作成し、友人、親戚に配りました。

【私が感じた課題】

a　若い、なりたての裁判官は、法的知識があっても、社会的経験に欠ける面もあるので、少なくとも数年は弁護士と検察官を経験すべきと思いました。

b　（裁判員制度に関する）アピールが少ないせいか、裁判員になることを簡単に拒否する人は、それが国民の義務、権利だと思っていない面があるように思いました。

c　裁判日数がかかる場合、個人の事情もあると思いますが、やはり国として裁判員のために、公休制度等を考える必要があると思いました。そうしないと、裁判員に偏りが出るおそれ（高齢者、学生、フリーター等、時間を自由に使える人ばかりになるおそれ）があると思いました。

裁判員は見た！⑥

◆裁判員経験者　人を裁くということ

【基本情報】

名前……………………鈴木幹久
性別……………………男性
裁判が行われた時期……2012年12月
裁判当時の年齢…………30歳代
裁判当時の職業…………会社員
裁判当時の住まい………東京都
裁判を担当した裁判所名……東京地方裁判所
担当した裁判の延べ日数……8日間

【担当した裁判の概要】

殺人未遂事件。弁護側は傷害致死罪での保護観察付き執行猶予を主張しましたが、判決は検察官の起訴通りの殺人未遂罪で実刑となりました（懲役10年、求刑懲役15年）。

【これから裁判員になられる方等に伝えたいこと】

◆憂鬱な作業だが、引き受けなければならない

この度、裁判員制度によって裁判員を務める機会を得ました。裁判員制度は5000人にひとり程度の確率で選ばれるといわれています。裁判員制度をボランティアとしてとらえるかどうかは議論の余地が残りますが、ここでは一旦ボランティアを市民的公共活動と位置づけ、市民的公共性における裁判員制度という観点から裁判員の経験を共有させていただきます。現行の裁判員制度の目的は、司法制度の正しい理解の普及となっていることからも、このような報告は意義があるものと考えています。

裁判員制度は市民による司法の運営を意図したものであり、つまり私たちの共同体における裁判を自分たちで担おうというものです。例えば、村のスイカ泥棒をいかに処罰すべきかといったコミュニティの裁きについて、その一切を特定の専門

家に委ねるのではなく（例えば、○○さんは裁きに詳しいから全部任せてしまおうというのではなく）、村人みんなで考えた方が健全ではないかという思想に基づいて設計された制度です。言い換えれば、共同体の自主運営の原則に即したものということもできるし、専門家の誤謬《ごびゅう》を防ぐ制度ということもできます。

実際に裁判員として関わって感じたことは、人を裁くことのストレスの大きさです。間違いが許されないというプレッシャー、同時に、間違いの可能性を否定できないプロセスにおけるあいまいさなどです。特に強く感じたことは、人を裁くことが、単なる修辞《しゅうじ》的な表現であり、要するにたとえば死刑判決であれば、合法的に人を殺すという作業そのものであるという、裁くという行為の残虐性への気づきです。人を裁く作業を一部の専門家に任せることで、私たちはその難を逃れることができます。しかし、その代償は極めて大きなものになるでしょう。司法という機能が市民社会に不可欠なものであることは異論がないでしょう。裁判員制度は、司法という社会の重要な機能の存在を社会に知らしめるという点において重要です。

また、その作業はとても現実的で正直なところ嫌な仕事ではあるけれども、その憂鬱を感じる市民によって担われてその機能はさらに高まるものであると確信します。なぜなら、特定少数の熟練した専門家のみによって担われては、スモールコミュニティの慣れが馴れ合いを産み、妥協が欺瞞《ぎまん》を産み、一方で司法を拒絶した大多数は現実を見ることなく白痴《はくち》化し、最終的には社会の失敗を産む可能性があると考えるからです。司法は市民によって担われて初めて、市民的公共性は成立の必要条件を満たすと考えます。故に私は、その作業は極めて憂鬱なものではあるけれども、もし同様の機会があればまた引き受けたいと思います。

裁判員は見た！⑦

◆裁判員経験者　裁判員から弁護士に⁉

【基本情報】

名前……………………弁護士　花田弘介
性別……………………男性
裁判が行われた時期……2012年12月
裁判当時の年齢…………20歳代
裁判当時の職業…………ロースクール修了一年目
　　　　　　　　　　　（司法試験浪人中）
裁判当時の住まい………神奈川県
裁判を担当した裁判所名……横浜地方裁判所
担当した裁判の延べ日数……16日間

【担当した裁判の概要】

私が担当した事件は、被告人が離婚した元妻に対する恨みを晴らすため、同人の実家居宅等に放火しようと考え、二度に渡り放火を行った、という連続放火事件です。一度目は、被害者一家が寝ていた住居および住居駐車場の自動車に放火し、同住居は未遂に終わりましたが、同自動車は損壊しました。二度目は、同住居に再び放火して、焼損させました（否認事件）。

この事件の主要な争点は、①被告人が今回の連続放火事件の犯人であるのか（被告人の犯人性）、②被告人の責任能力の有無、の2つです。そして、審理の結果、検察側の求刑通り、懲役13年の実刑判決となりました。

【これから裁判員になる人たちに伝えたいこと】

◆裁判員を辞退するのは、もったいない

裁判員への参加は、国民の義務ですが、今般、裁判員裁判の辞退率は増加傾向にあります。しかしながら、裁判員経験者の中には、裁判員裁判を経験したことで、「人生（観）が変わった」、そのようにお話しされる方がいます。私も、その中のひとりです。私は、裁判員経験後、「この経験を弁護士として活かさなければならない」、そのような使命感にも駆られ、司法試験合格への意欲がより一層高まりました。そして、現在の私は、裁判員として参加をした横浜地方裁判所において、刑事弁護人として法廷に立つ機会もあります。

人が一生のうちに人生（観）を変える出来事に遭遇することは、そう多くはないでしょう。裁判員裁判への参加が、その一場面になりうるとすれば、辞退をすることは、あまりにもったいないと思います。

◆必要なのは法的知識よりも「ほんの少しの勇気」

裁判員の中には、評議の際に、「法律の知識などないので、間違っていたらどうしよう」、「ここで、こんなことを言ってもいいのだろうか」、と思い悩む方がいます。しかし、裁判員に選任される方々は、各々が異なるバックグラウンドを有しているため、これまでに培ってきた経験や知識も異なります。そのような各々の異なる知識や経験から浮かび上がる「素朴な感覚」や「些細な疑問」が評議に現れることで、評議を活性化させ、事実認定や証拠の評価を多角的観点から考察することにつながります。裁判員に必要なのは、法的知識よりも、評議の際、「素朴な感覚」や「些細な疑問」について話をする「ほんの少しの勇気」ではないかと考えます。もし、裁判員に選任された場合には、ぜひ、評議の際に、「ほんの少しの勇気」を振り絞って、自分の意見を話してみてください。

裁判員は見た！ ⑧

◆ 裁判員経験者　大変でも財産になる経験

【基本情報】

名前……………………J・O
性別……………………男性
裁判が行われた時期……2013年3月
裁判当時の年齢…………40歳代
裁判当時の職業…………地方公務員
裁判当時の住まい………青森県
裁判を担当した裁判所名……青森地方裁判所
担当した裁判の延べ日数……6日間　※補充裁判員

【担当した裁判の概要】

私が担当した事件は、コンビニエンスストアの駐車場で発生した強盗傷害事件。「強盗致傷罪」か「傷害罪と窃盗罪」かが争われた裁判でした。加害者は「金あるんだろ」、「いくら出すんだ」と言っている時点で金品目的であり、被害者のケガの程度は軽いとはいえ、県外から来た旅先での被害だけに恐怖は大きいものだったと思います。公判前整理手続でも争点が「強盗致傷罪」か「傷害罪と窃盗罪」になるのかが絞られていませんでした。検察からは懲役6年の求刑に対し、弁護側は執行猶予付きの判決をとの意見。評議の結果、判決は懲役4年となりました。

【これから裁判員になる人たちに伝えたいこと】

裁判員制度が始まったとき、職場にも法務局の方が説明に来られて制度について説明会が行われました。日本でも市民感覚が裁判に反映されるようになると非常に関心を持って聞いていました。テレビドラマの中でしか見ない裁判所が少しだけ身近に感じられる制度だと思っていました。

実際に裁判員裁判の制度が始まってもニュースで目にしているときは、自分の住んでいる地域は田舎なので対象となる件数も少なく、自分が裁判員になる確率はかなり低いと考えていました。現実に裁判所から呼ばれたときは、非常に興味がありぜひ参加してみたいと考えていたので、補充裁判員に選ばれたときには、大変だという意識と実際に経験できるという気持ちになりました。

裁判員に選ばれたあとは、実際にどのように進行されるのか全くわからない状況でしたが、裁判所の方に丁寧に説明していただいたので、あまり戸惑わなかったと思います。ただ、自分としてはあまり先入観を持った見方をしないように事件については事前に情報収集などはしないように心がけました。

実際に裁判員として裁判に臨んだときは、人の罪を決めるということでかなり緊張していたと思います。防犯カメラの映像があり、しっかりとした証拠があったので判断に迷いはありませんでしたが、状況を言葉で積み重ねたものでは双方の言い分があり判断するのは難しいと感じました。

裁判員裁判を経験して、今までにない人と出会い、多様な意見を聞くことができました。これは自分自身にとって大きな財産になったと思います。裁判員はできるだけ経験したくないという人がいますが、自分の経験を通じて、できるだけ参加するように勧めています。人の刑を決めるということは非常に大きなことで重いことですが、他人事と思わず自分のこととしてとらえ考えることがこの制度の意義だと思います。

裁判員は見た！⑨

◆裁判員経験者　誰かの体験が誰かを救う

【基本情報】

名前……裁判員交流会インカフェ九州発起人
性別……女性
裁判が行われた時期……２０１４年1月～2月
裁判当時の年齢……30歳代
裁判当時の職業……会社員
裁判当時の住まい……福岡県
裁判を担当した裁判所名……福岡地方裁判所
担当した裁判の延べ日数……15日間

【担当した裁判の概要】

◆風俗店員による集団暴行事件、山中に白骨遺体

２０１２年８月、佐賀県唐津市の山中で福岡市中央区中洲の風俗店従業員Ａの白骨遺体が見つかりました。監禁、傷害致死などの罪で元風俗店グループ会長Ｘと、幹部のＹ、部下５人、計７人の男が起訴されました。ＸＹらは、２００８年11月20日未明から同22日未明にかけて、同グループの従業員寮や風俗店事務所で、同僚だったＡの足を刃物で刺したり、頭を金属の棒で殴ったり、熱湯をかけたり、引き倒してものを投げつけたりして、呼吸できない状態にし、窒息死させました。

２０１３年12月から数回にわたって実施された裁判では、傷害致死などの罪に問われた元同僚の男４人に懲役２年～８年、保護観察付き執行猶予４年（求刑は懲役２年６月～10年）、Ｙに懲役６年、Ｘには「２日間にわたって肉体、精神的に追い詰めた残忍な犯行。部下に暴行を指示し、主導した責任は格段に重い」として求刑どおり懲役12年の判決が下されました。Ａの他に同僚４人も監禁や暴行を受けており、私は、容疑を否認していたＹの裁判を担当しました。

【これから裁判員になる人たちに伝えたいこと】

◆連絡先を交換し、裁判員の同窓会を！

約2週間にわたって真剣に議論し合った裁判員6人。打ち解け合うことができましたが、判決後、私ひとりが記者会見に出席したため、連絡先を交換するチャンスを逃してしまいました。裁判が終わると、事件について振り返ることも稀《まれ》。まして評議について話せるのは、同じ事件を担当した裁判員しかいません。ぜひ連絡先を交換してくださ い。この話を聞いたある裁判員経験者は、時折、同窓会を開いているそうです。

◆ひとりで抱え込まず、体験のシェアを

妻子ある尊い男性の命が集団リンチで奪われた事件。お茶の間で気軽に話題にもできず、初めて体験を誰かに話せたのは裁判から3か月後。SNSでコンタクトをとった大阪市の市民団体「裁判員ACT 裁判への市民参加を進める会」（以下、「ACT」という）のメンバーが、福岡まで出向いてくれたのです。モヤモヤしていた心の重荷がスッキリしたことを今でも忘れません。

その後、ACTなどの学習会に参加し、法学者や弁護士、裁判員経験者、裁判官、学生、市民、報道記者などによる対話の場の重要性を実感した私は、2014年11月「裁判員交流会インカフェ九州」を発足させ、定期的に語り場を開いています。

「守秘義務の範囲がわかりにくい。この場合は？」、「そもそも懲役って？ あの量刑判断で良かったのだろうか」、「被告人に障がいがある場合の裁判って…」。法廷通いが終わると、身近に相談できる人がいなくなることも多いはず。語り場に参加するメリットは、法律の専門家に質問し、疑問を解消できること。偶然にも、経験者と同じ事件を担当した弁護士、報道記者や傍聴していた研究者が集い、話が盛り上がることもあります。

◆被告人のその後、塀の向こう側

私が裁判員として向き合ったYは、刑務所でど

んな日々を過ごしているのでしょう。出所後、仕事や住まいを得るために必要な支援は受けられるのでしょうか。公判中、裁判官に質問しましたが、期待した回答は得られませんでした。

その後、学習会でPFI方式の刑務所を出所した男性から実情を聞いた時の衝撃は忘れません。日本では適正な更生プログラムが施されているか、諸外国ではどのような社会復帰支援が行われているか、社会的弱者の犯罪背景には何があるのか、処遇に問題はないのか……。日頃から新聞やニュースに目を通すだけでなく、裁判員になる前に、自身の目と耳で、現場を知る人の生の声にふれてほしいと思います。

【気になること】

◆わかりにくい守秘義務

職場で選ばれた初めての裁判員。同僚から質問攻めにあったため、上司が「裁判のことは一切聞くな」と周知しました。結果として裁判が終わった後も、感想や経験を話す機会は全く訪れません。法廷で見聞したことは話していい、評議の秘密については語ってはいけない。そうした守秘義務のルールが一般に知られていないことが理由だと思います。

ある時、インカフェへの参加をSNSで呼びかけたところ、「裁判員を経験したことを明かすと守秘義務違反で処罰されるよ。書き込みは、すぐに削除して」というメールが友人から届きました。友人は誤解していますが、裁判員を務めた後、自らそのことを公表することは守秘義務違反ではありません。話せる環境がなければ、経験は個人のものとして埋れたままになり、身近に体験談を聞く機会がないことが、裁判員の辞退率にもつながっているのではないでしょうか。

裁判員は見た！ ⑩

◆裁判員経験者　事前準備は？ 守秘義務は？

【基本情報】

名前…………………会社員M・H
性別…………………女性
裁判が行われた時期……2015年5月
裁判当時の年齢…………40歳代
裁判当時の職業…………会社員
裁判当時の住まい………千葉県
裁判を担当した裁判所名……千葉地方裁判所
担当した裁判の延べ日数……17日間

【担当した裁判の概要】

2014年3月に千葉県で起きた「無差別連続通り魔殺傷事件」を担当しました。1人死亡、3人が現金や車を奪われました。起訴内容は認めていたので、動機について、検察側の「単なる金目的」か、弁護側の「統合失調症による妄想」かが争点となりました。量刑については、死刑か、無期懲役かの判断が争われました。地元で起きた事件でもあり、市民・同じ息子を持つ母親としての自分と裁判員としての自分との間で悩み続けた17日間でした。評議の結果、判決は無期懲役となり、その後控訴棄却、上告棄却、無期懲役が確定しました。

【これから裁判員になる人たちに伝えたいこと】

◆裁判員を務めるにあたり、法や裁判に関する知識は必要？

事前に裁判所から配布された裁判員制度ナビゲーションとDVDは確認しましたが、それ以外は特に準備しませんでした。専門用語等疑問点は裁判官がわかりやすく丁寧に説明してくださいました。

◆勤務先は休めるの？ 復帰する際の問題点は？

私の勤務先は「公務特別休暇制度」があり全日有給扱い。呼出日から裁判まで1週間期間があったので、仕事の引継ぎ等準備することができました。ただ、このように制度が整っている勤務先はまだ少なく、非常に恵まれていたのだと思います。他の職種の仕事の状況等、介護や育児を担っている方への生活環境等の整備が必要だと感じました。

約3週間にわたって非日常的な生活を送り、当時は守秘義務についても必要以上に警戒し、復帰直後は意識的に記憶を消去するようにしていました。3年経った今、そんなにナーバスにならなくても大丈夫であることを伝えたいです。

◆裁判員にもう一度選ばれたらどうする?

以前は「絶対やりたい!」、「今度は帰宅後に詳細なメモをとり、体験記として本を出せるくらい取り組みたい」と思っていましたが、今はひとりでも多くの方にこの貴重な体験をしていただきたいと考えるようになりました。「辞退なんてありえない!」とも思っていましたが、現状審理日数が3日くらいなら何とかなるかもしれませんが、「長期休む場合は悩むだろうな……」、「介護問題も出てくるな……」と気持ちの変化もありました。

◆裁判員の経験はその後の人生に影響を与えた?

朝日新聞の「ひと欄」で記事を見つけ、LJCに辿り着き、朝日デジタルの「裁判員物語」を読んだあの日から間違いなく人生変わりました。裁判員を務めていなかったら、人前で経験談を話したり、取材を受けたりすることなどあり得なかったはずです。

また、「裁判」がとても身近に感じられるようになり、特に裁判員裁判のニュースには注目し、「自分だったらどうするだろうか?」と考えるようになりました。たくさんの出会いにも非常に感謝しています。この貴重な体験を「還元」することで、これから裁判員に選ばれる方や裁判員を経験したけれど以前の私の様に悩んでいる方に、仲間がいると伝えるべくこれからも活動していきたいと思います。

裁判員は見た！⑪

◆裁判員経験者　裁判員はひとりじゃない

【基本情報】

名前……野口紀子
性別……女性
裁判が行われた時期……2016年6月
裁判当時の年齢……50歳代
裁判当時の職業……販売業
裁判当時の住まい……東京都
裁判を担当した裁判所名……東京地方裁判所
担当した裁判の延べ日数……13日間

【担当された裁判の概要】

◆担当事件は麻薬の密売

担当事件は、反社会的勢力、いわゆる暴力団による覚せい剤の密売でした。被告人は組のナンバー3で、手下を使って半年の間に40数件の麻薬の取引をしていました。概《おおむ》ね犯行は認めているものの、そのうちの2件の取引に関しては、自分の知らぬこととして、関与を否定していました。しかし、手下の残している取引のメモや携帯電話の通話記録などから、直接命じたものではないにしても、承知はしていたはずとして、被告人の関与はあったとの判断がなされました。

被告人は前科7犯で、以前にも同種の犯罪歴があり、求刑は懲役10年、罰金300万円でした。それに対して、判決は懲役8年、罰金300万円となりました。

【これから裁判員になる人たちに伝えたいこと】

◆評議はコツコツ作業

有罪は確定しているものの、被告人が部分的に犯行を否認しているという点で、緻密《ちみつ》な検証が必要となりました。評議はテレビや映画のようなドラマチックなものではなく、証拠や文書をコツコツと検証していく地道な作業です。ふだんあまり使うことのない分野の脳を大いに働かせることとなりました。できれば家に資料を持ち帰って、おさらいをしたいところでしたが、それは許されていないので、翌朝早めに裁判所へ行って、資料に目を通したこともありました。

◆法廷はスリリング？

この裁判には証人として、配下の暴力団員2名が出廷しました。また、傍聴席には派手なシャツを着たガタイのいい男性が座っているのが見えました。実はこの少し前、小倉で傍聴していた暴力団員が路上で裁判員に声をかける、という事件があり、一同「もしや？」と緊張しました。休廷に入るや裁判長にお尋ねすると「あの人は傍聴マニアですよ」とのこと。皆、胸をなでおろしました。また、この裁判では証拠品として、覚せい剤がまわってきました。「これが覚せい剤か！」と思いつつ、梱包されたビニールの上からジャリジャリと押してみました。まずもってできない経験でした。

◆11人がひとつのチーム

裁判員をどうしても受けたくないという方、それはそれでいいと思います。でも迷っているなら、経験してみることをオススメします。法律の知識がなくても、今のあなたのままで大丈夫です。それにあなたはひとりではありません。3人の裁判官の方々、そして7人の仲間がいます。11人がひとつのチームです。

私が裁判員を務めたとき、休憩時間に「もしまた裁判員に選ばれたら引き受けるか」という話を他の裁判員の方々としました。すると全員の答えが「またやりたい！」というものでした。きっと貴重な経験になると思います。どうぞあなたの立ち位置で思うところを伝えてきてください。

裁判員は見た！⑫

◆裁判員経験者　見やすい資料に安心感

【基本情報】

名前……………………Y・S
性別……………………女性
裁判が行われた時期……2016年12月
裁判当時の年齢…………50歳代
裁判当時の職業…………会社員
裁判当時の住まい………東京都
裁判を担当した裁判所名……東京地方裁判所
担当した裁判の延べ日数……10日間

【担当した裁判の概要】

私が担当したのは、路上でのケンカが発端となって、被害者が亡くなった事件。「傷害致死で有罪」か、「正当防衛に該当し無罪」かが争われた裁判でした。加害者は、瀕死《ひんし》の重傷を負った被害者を現場に残したまま逃げたのです。「人道的に許せない」、それがこの事件に対する私の第一印象でした。しかし、大変残念なことに、それは争点ではなかったのです。公判前整理手続によって争点が絞り込まれていたので、被害者を死なせようという意図があったかなかったか、そこに絞って公判が行われました。検察からは「懲役5年（すなわち執行猶予なし）」が求刑され、弁護側は「懲役3年相当（執行猶予あり）」と意見。評議の結果、判決は「懲役5年」となりました。

【これから裁判員になる人たちに伝えたいこと】

◆やりがいと達成感　―参加してよかった！―

刑事ドラマや弁護士ドラマは大好きですが、まさか本当に弁護士資格も何もない自分が他人を裁くなんて、想像もしていませんでした。公判初日、あの一段高い席に裁判官と並んで座った時のドキドキと被告人の緊張した表情は忘れられません。

被告人の人生がかかった裁判であり、毎日精一杯の議論をしました。他人の刑を決めるという極めて気の重い経験でした。が、その分、終わったあとは、毎日を一生懸命過ごしたという達成感でいっぱいになりました。それは裁判員6名と補充裁判員2名の全員が同じ意見でした。裁判員を経験できて、本当に良かったと思っています。

◆劇的に変化した裁判 ― 素人の自分たちにできるの…？ できるんです！ ―

裁判の資料は「難解な文章が何ページにもわたって書かれている分厚いもの」という先入観があり、「自分にできるのだろうか」という不安がありました。が、公判初日に示された冒頭陳述は、驚いたことにA3用紙1枚のみ！ カラフルで、箇条書きや絵や図が多用されており、大変わかりやすいものでした。実は、裁判員制度導入に際して、「一般市民にも理解してもらえるように」と裁判が大きく変わったのだそうです。「自分は自分らしく意見を言えばいいのだな」と安心して取り組むことができました。

◆休みはとれる？ 謝礼はもらっていいの？ ―勤務先の対応 ―

裁判員候補者名簿掲載の知らせを受けて、まず確認したのが勤務先の人事制度でした。ありがたいことに「特別休暇で対応、謝礼受領OK、上司は裁判に参加できるようサポートしなくてはならない」という内容の規定がありました。裁判員・補充裁判員8名のうち7名は同様でしたし、「まだ会社に制度がなく有給で参加している」という方も、これから人事部と相談してみたいとおっしゃっていました。

ただ、小売業の友人は「自分には無理、絶対辞退」。学生さんも「就職活動や試験と重なると厳しいかも」。まだまだ各業態で参加しやすくなるようなサポートが必要と感じています。

◆自分の人生に与えた影響 ― 分岐点、そして新たな活動へ ―

たった10日間の裁判員としての経験。最終日に「これで終わった」と思っていましたが、そこからさまざまな出会いがありました。経験者同士で語り合ったり、人前で経験談をお話しする機会をいただいたり、裁判員制度改善について弁護士の先生方と話したりなどなど……。裁判員を務めたのを境に、自分の人生が大きく変わったと感じています。これからも、自分にできることがある限り、これらの活動を続けていきたいと考えています。

裁判員は見た！ ⑬

◆裁判員経験者　裁判官とランチで雑談

【基本情報】

名前……………………………Ｍ・Ｏ
性別……………………………女性
裁判が行われた時期…………２０１７年11月
裁判当時の年齢………………50歳代
裁判当時の職業………………派遣社員
裁判当時の住まい……………東京都
裁判を担当した裁判所名……東京地方裁判所
担当した裁判の延べ日数……11日間　※補充裁判員

【担当した裁判の概要】

私が担当したのは、宅配専門店に強盗が入り、店員が大ケガを負わされて、売上金が盗まれた事件（強盗傷人）。それは共犯者４名による犯行でした。私はそのうちのひとり（以下、「Ａ」という）の裁判を担当しました。

とても複雑な事件でした。犯行を計画したと思われる主犯格のひとりはその店の店長で、Ａも元店員です。共犯者４名の役割は犯行の指示役、連絡係、実行犯で、犯行そのものは認めているものの、誰がその事件の言い出しっぺなのか、誰が誰にどう指示したのか、これらの言い分が全員違っていました。

裁判での争点は、Ａが主犯格のひとりなのか、Ａは実行犯ではないが店員にケガを負わせた事も有罪となるのかで、判決は懲役９年、強盗傷人の中では非常に重い刑となりました。

【これから裁判員になる人たちに伝えたいこと】

◆まさか自分のところに通知が……

もし、ある日突然、裁判所から「裁判員候補者に選ばれました」と通知が来たらどうしますか。「全く関心がない」、「殺人事件のような凶悪事件だったら怖い」、「よくわからない」、「この制度には反対」、「そもそもそんな制度ってまだあったの?」など、きっと多くの方々はこう考えて「だから、やらない」、「裁判所に呼ばれても欠席しちゃえばいい」などと思ってしまうのではないでしょうか。

私も普通の一般市民です。特別、司法に関心があったわけではなく、悲しいニュースや悲惨な事件を目にしていろいろ感じることがあっても、どこか他人事であり、自分がそういった事件に関わることになるとは想像していませんでした。

◆体験談を読むことで

私の場合は、まわりに裁判員を経験した人はおらず、明確に辞退できる理由もありませんでした。そこで、とにかく裁判員経験者の体験談を知りたいと思いネット検索をしました。

そこで知ったのは体験談がとにかく少なく、この情報社会において全く裁判員経験者の生の声が聞こえないことでした。でも、その数少ない体験談を読んでいくうちに、何故か不安な気持ちが薄れていき、裁判員を務めることで「何かが変わるのではないか」という気持ちが不思議と芽生えていったように思います。

◆裁判とは

実際に法廷で検察官、弁護人、証人そして被告人本人の話を聞き、整理し、判決を出すということ、それは私たちが普段していることと同じなのではないかと思います。人の話を真っ直ぐに聞き、整理して受けとめ、正しいこととそうでないことを見極めて答えを出すということです。そう考えるとそんなに難しいことではないのかもしれません。

ただ、時に人はウソをつくし、記憶が変わってしまうこともあります。そう考えると人が人を裁くことの難しさを痛感した経験でした。でも、だからこそ職業としてではなく、私たちのような普通の感覚で物事を考える一般市民が加わることが必要なのかもしれません。

◆今、思うこと

私が裁判員を務める前に感じていた「(裁判員

を経験することで）何かが変わるかもしれない」という気持ちについてですが、今も明確に「これだ」とは言い難いのが正直なところです。でも、自分の人生に大きな意味を持ったことはたしかです。そして、ひとつだけハッキリ言えるとしたら、あの場所（法廷）に私は立ちたくないし、自分が大切に思う人にも立ってほしくないということです。誰もが被害者になり得るとよく言われていますが、加害者にもなり得るということを知っているのは大きなことだと思います。

最後に、裁判所自体が閉ざされた怖いイメージのところかもしれませんが、そうではありませんでした。裁判官とは一緒にランチや雑談をすることも多く、普通に会社にいる上司や先輩のように接することができましたので。そのことは、これから裁判員を経験される方々にきちんと伝えておきたいと思います。

裁判員は見た！ ⑭

◆裁判員経験者　もっと司法に関心を！

【基本情報】

名前……………………澤田敦子
性別……………………女性
裁判が行われた時期……2018年3月
裁判当時の年齢…………50歳代
裁判当時の職業…………主婦
裁判当時の住まい………東京都
裁判を担当した裁判所名…東京地方裁判所
担当した裁判の延べ日数……8日間

【担当した裁判の概要】

性犯罪の裁判でした。罪名は強制性交等致傷罪です。深夜の路上で、被告人は見ず知らずの女性にいきなり襲いかかり駐車場に連れ込んで暴行を加え性交しようとしましたが、被害者の必死の抵抗と、近隣住民の110番通報によりパトカーが来たため未遂、逃走。被害者は1週間のケガを負いました。

被告人は無罪を主張していました。争点は、被害者に対して各種の暴行があったか、被告人は被害者が合意していたと誤信していたか、の2点でした。被害者と被告人の主張は180度違っていました。真実を見極めるためとはいえ、生々しい被害状況を微に入り細に入り検討しなければならず、精神的にきつくなかったと言えばウソになります。被害者と被告人の人生がかかっていることを重く受けとめ、チームである裁判官・裁判員の皆さんを信頼し、支えられ、乗りきった日々でした。

判決は有罪、懲役6年でした。被告人は控訴しましたが、数か月後に取り下げたため刑が確定しました。

【これから裁判員になる人たちに伝えたいこと】

◆裁判員経験後、気づいたことは……

裁判員の責務を終えて日常に戻ってからは、多くの裁判員経験者がそうであるように、私も裁判のニュースに注目するようになりました。以前はただ漫然と見ていたものが、今は法定刑を調べて量刑が妥当なのか考えたり、判決の意図について思いをめぐらせたりもしています。

そんな中、気づいたことがあります。それは、司法だけが私たち市民から取り残されている、ということです。

◆エリートにおまかせ?

政治、経済、外交、医療、教育、環境、福祉などなど、世の中には問題が山積みです。でも、ほとんどの人がそれらを他人任せではなく自分たちの問題として主体的にとらえ、行動に移していると思います。選挙の投票に行ったり、各国首脳の動向を注視したり、災害時にボランティアをしたり、医師まかせだった治療法を自身でも考えるようになったり……。ところが、なぜか司法にだけは私たちの関心が向いていません。優秀な裁判官がうまくやってくれているというイメージしか持っていない人は、多いのではないでしょうか。

◆司法を置いてきぼりにしないで!

私が裁判員の経験を通して実感したのは、司法は自分たちとは関係のない遠い存在ではない、ということです。例えば、介護に関する裁判結果は私たちの生活に直結しているといえるでしょう。人権問題で世界の潮流から外れた判決が出ていることも、国際社会で生きていく私たちにとっては無視できない大きな問題です。他のさまざまな分野と同様に、司法についても主体性を発揮すべきではないでしょうか。司法を置いてきぼりにしてはならないと思います。

◆裁判員って必要なの?

司法に直接、主体的に関わる、それがまさに裁判員です。私が務めた裁判は、裁判官3名だけで行なったとしてもおそらく同じ判決になったと思います。「だったら従来どおり裁判官だけで裁判をすればよいのでは?」、「裁判員が加わる意味ってあるの?」と思われるかもしれません。裁判員が参加するメリット、それは、多角的な視点で事件を検討できること、そして現代に生きる私たちが納得できる判決のかたちをつくっていけること、ではないでしょうか。人間は不完全なものです。検察官、弁護人、裁判官という専門家だけでは見えないこともあるかもしれません。そこに「第四の目」である私たち市民が裁判員として参加し専門家にはない視点が加わることによって、より真実に近づくことができると思います。裁判員は法律には不案内ですが、専門家が考えもしない発想や社会経験、知識を持っています。実際、裁判員からの先入観のない指摘に対し裁判官が感嘆する場面が何度かありました。

◆裁判員が社会を変えてゆく……

たとえ判決が同じだとしても、多様なメンバーによって結論にいたる過程がいっそう精査、熟考されることにより、裁判の内容は充実しその質も確実に向上します。それは社会全体にとっても良い影響をもたらすことになります。2017年、刑法の性犯罪規定が改正されました。その背景には、裁判員裁判で性犯罪に対して厳しい判決が出ていることも関係していると聞いています。性犯罪を許さないという裁判員の決意が法律に反映されたと言って良いのではないでしょうか。

小さな一票が社会を変えるように、一人ひとりの裁判員が社会を変える力を持っていると思います。

ラウンジにほえろ！ ①

◆被告人もひとりの人間

【基本情報】

名前……………五十嵐弘志
性別……………男性
年齢……………50歳代
職業……………NPO法人マザーハウス理事長

【情状証人として出廷して感じたこと】

実を言いますと、私は前科3犯、受刑歴は延べ約20年です。犯罪・刑務所・社会復帰の体験者として、裁判員裁判において、情状証人として数十回、法廷に立たせていただきました。その中で感じたことをぜひ、皆様にお伝えしたいと思います。

裁判員は、判決において、有罪・無罪の判断だけではなく刑期まで決めるという、とても大切な行為を担います。そのため、裁判員は、被告人の人生に深く関わることになると私は思っています。そこで、裁判員の参加者全員が、刑務所、社会復帰についての現状を深く知り、被告人と向き合うことが必要です。受刑経験者たちの声を聴くことが大切です。判決をはじめ、裁判で言われたことは、被告人の更生にも大きな影響を与えると感じるのです。市民の目線で犯罪行為と向き合い、疑問や不自然なことを、被告人に直接問うことが重要であると思います。「なぜ、この事件を起こしたのか？　どうしてなのか？」を、裁判員が徹底的に被告人に追及することで、被告人が犯罪行為や自分と向き合うことができると思うのです。これが更生のために重要なのではないでしょうか。

今の裁判を見ていると、被告人に「ごめんなさい」を言わせることを良しとする「反省ありきの裁判」になっており、被告人を見ていない、被告人が不在の裁判であると感じます。また、裁判員たちは、私が情状証人で証言しても、その内容に無関心であるように感じます。もし私が裁判員なら、「なぜ、赤の他人であるあなたが、ましてや元受刑者が、証人として証言するのか？」、「あなたの証言が何を意味するのか？」と、不思議に思うはずなのですが、裁判員たちはそのことに無関心であり、被告人の立場を自分に置き換えて真剣に考えていないように感じるのです。

被告人の人生に関わることをもっと深刻に考え、被告人の社会復帰後のことも視野に入れることが必要であると思うのです。そのことを通して、被告人は、「ここまで自分と向き合ってくれている人がいるんだ」と感じ、自分と向き合うきっかけになり得るのではないでしょうか。裁判員たちの問いかけにより、被告人は自分の犯した行為と深く向き合い、自分の回復のため、犯罪からの離脱のために行動を起こすことができるようになると思います。

裁判員裁判に参加していつも思うのは、裁判員が「市民として不自然に思うことを被告人に質問しない」ということです。そして、裁判員の思いを裁判官が被告人に問いかけることも重要だと思います。多くの裁判員が被告人の更生を望んでいると思うのに、その声を裁判で伝えることをしていません。

裁判を受けている被告人も、同じ社会に生きる同じ人間であることを忘れずにいてほしいと切に願っています。

ラウンジにほえろ！②

◆裁判を語り合う社会へ

【基本情報】

名前……川畑恵子
性別……女性
年齢……50歳代
職業……フリーランス

【模擬裁判を体験して感じたこと】

◆殺人未遂事件の模擬裁判

２０１５年、京都地方裁判所で京都の法曹三者が開催した模擬裁判で裁判員役を務めました。事実関係に争いのない殺人未遂事件で、執行猶予の判決を出しました。

刑の決め方について、裁判官から「刑の範囲には幅があるが、被告人の犯した罪にふさわしい刑を与える。それは刑法の処罰の根拠に基づき、公平・公正なもの。全く同じ犯罪はないので、社会や意識の変化により刑は変わりうる」と説明を受けました。

◆公平・公正な結論だったのか？

検察官と弁護士双方が示した過去の判例は「この範囲の中で考える」という意味で参考になりました。しかし、評議の後半で「家族間の事件、刃物で殺人未遂」などのキーワードで調べても似たような事件は見つからず、「同情はするが、やったことは重い」、「被告人を刑務所に入れても家族の問題は解決しない」と意見は分かれました。

終了時間が近づき、最後は多数決です。被告人に同情すべき事情があるとはいえ、包丁で腹部を刺したという行為の重さを考えると執行猶予は公平なのか。本当に評議を尽くしたといえるのか。モヤモヤした気持ちが残りました。

◆裁判について語り合える場や環境づくりを

実際の裁判員裁判でも無罪になる事件は少なく、裁判員の役割は刑を決めることが中心になっていると思います。公平・公正の範囲の中で、刑に市民感覚を反映させるというのは、とても難しいことのように感じています。やはり、裁判員の経験が共有され、実情を知ることが第一歩です。

裁判員をやりたくないという人たちは、裁判なんて他人事だと思っているかもしれませんが、実際に裁判員を務めた人たちの多くが「被告人はどこにでもいそうな普通の人だった」と言います。地域社会で起こる犯罪をどうとらえるか、罪を犯した人とどう向き合うのかを想像してみる。裁判について語り合う環境をつくる。市民・裁判員と法律専門家が語り合うことも有意義です。そうした場が町のあちこちに生まれることが、裁判員裁判を意義のあるものにする基盤をつくるはずです。

◆基礎資料の持ち帰り解禁を

ところで、裁判所で行われた模擬裁判では、実際にあった事件をアレンジした架空のものなのに、資料の持ち帰りはできませんでした。裁判の基本ルールや刑の考え方、裁判手続の流れなどの説明も、法廷で公開された検察官や弁護士の資料も、一切禁止。実際の裁判でもそうしているという説明でしたが、それにはどんな理由があるのでしょうか。個人情報に配慮した判決文要旨とあわせてこうした資料を提供すれば、市民が刑事裁判について話題にするきっかけや材料になります。それらはきっと、裁判員裁判を語り合う土壌づくりに貢献すると思うのですが。

ラウンジにほえろ！ ③

◆もっと知って！ 中高生も

【基本情報】

名前……………堀口愛芽紗
性別……………女性
年齢……………10歳代
職業……………大学生

【裁判員ラウンジに参加して感じたこと】

◆裁判員制度に注目したきっかけ

裁判員制度は、私が小学校三年生の時に実施された制度です。制度が開始されてから8年、高校二年生の時の新聞に「裁判員辞退率増加、約6割が辞退」の文字を目にしました。自分自身ならば参加したいと考えていた制度になぜ辞退者が増加しているのか疑問に思いました。高校の授業の課題研究のテーマとしてこの疑問を設定し、裁判員制度についてほとんど知識がなかったので、学校の図書館、ネットで調べました。そして社会科の先生に裁判員制度について調べていることを伝え、何か話をうかがえるかと思いましたが、「裁判員制度についてはよくわからない」と言われてしまい、先生がよく知らない裁判員制度とは何かとても興味が湧きました。

◆裁判員ラウンジに参加したきっかけ

裁判員制度を調べるにあたり、実際の経験談をうかがいたいと強く思うようになりました。ある日、新聞に裁判員制度の辞退率について言及されている飯教授の名前を目にし、専修大学にて裁判員ラウンジというものを開催されていることを知りました。裁判員ラウンジでは、裁判員経験者の方々や弁護士を交えて制度について議論し合い、高校生である私の疑問にも全て答えていただき、強く感銘を受けました。実際に経験談を聞くことにより、裁判員を務めて司法に関心を持ち経験談を伝えたいと考えている裁判員経験者の方々の強い熱意を感じました。

◆裁判員制度とこれから

裁判員ラウンジを通して、さまざまなシンポジウムにも参加し、現在法学部在学中の私にとってはとても勉強になります。中高生から同学年にも意識を持ってもらい、裁判員とは何かを学べる機会があればいいと考えます。どのように興味を持ってもらうべきかが今の課題です。授業によって教え方はさまざまで生徒への印象付けとなるものが少ないような気がします。学生時代から制度の内容を知るだけでも勉強になりますし、日頃の事件などへの物の見方が変わるきっかけになると思います。

私は裁判員制度を学んだことにより、裁判という堅苦しいイメージが緩和されました。裁判所では常日頃裁判を傍聴することができます。内容はわかりやすいので傍聴することをオススメします。多くの人に裁判員を経験してもらうことを願っております。

ラウンジにほえろ！ ④

◆法教育が司法を育む

【基本情報】

名前……荻原弘和
性別……男性
年齢……30歳代
職業……会社員

【裁判員ラウンジに参加して感じたこと】

◆裁判員ラウンジとの出会い

裁判員裁判は、司法への市民参加の大きな一歩。その意味と価値を裁判員ラウンジに教えてもらいました。

「飯先生が社会的に意義ある活動をやっている」と親しい専修大学の先生から紹介されて、裁判員ラウンジに参加するようになりました。最初に参加したときのことは、今でも鮮明に覚えています。

裁判員を経験した市民の方々が積極的かつ活発な議論をしていて、飯先生や弁護士の先生方に対等に意見していたのが印象的でした。市民が司法に参加することで、こんなにも多様かつ柔軟で、発展的な意見が出てくるものなのかと感銘を受けました。裁判員ラウンジでの議論の根底には、民意で司法をより良い方向へ変えていきたいという参加者の思いがあります。その思いは、私たちの社会は私たちの手で最良のものにしていくのだという決意ともいえましょう。「裁判員ラウンジ札幌」や「裁判員ラウンジ那覇」のように、「裁判員ラウンジ」が全国いたるところで自然発生的に行われるようになること、それが今の私の願いです。

◆法教育の大切さ

裁判員ラウンジに参加するようになって、強く思うようになったことがもうひとつあります。それは、司法についての議論をするための土台づくり、すなわち法教育の重要性です。裁判員裁判では、自分と同じ「ひとりの人間」を裁くための議論を一般市民が強いられます。その重みと責任を感じていればこそ、議論の前提となる法的な知識・素養の欠乏は裁判員にとって苦痛となるでしょう。本当の意味で市民の司法参加を機能させるためには、法的な議論の下地づくり、つまり市民に対する法教育のあり方を見直すべきなのではないでしょうか。未成年のときから、法とは何か、正義とは何か、あるべき司法・裁判のあり方とはどういうものかについて考える機会、話し合う場がもっとあっても良いのではないかと、裁判員裁判を知れば知るほど感じます。

◆「裁判員ラウンジ」が社会を変える!?

法教育は、この国の司法を発展させるためのカギになります。そして、それはこの社会をより良い方向へと導くためのカギでもあります。今、この社会に足りないもの、それは「対話」です。家族との対話、地域の人たちとの対話、諸外国との対話、本との対話……。仕事や子育てなどの自分自身の生活実感からも、あらゆる対話が乏しい社会になっていると感じています。裁判員ラウンジの参加者は、他者の話に真剣に耳を傾け、他者の問題に真摯《しんし》に目を向け、そして自分の真意を他者に伝えるための努力を実践しています。それこそまさに対話です。司法を学ぶ前提として、他者と生きる社会の尊さを伝える使命が法教育にはあると考えています。そのための手法のひとつが対話による裁判員裁判についての学び、すなわち「裁判員ラウンジ」という市民の市民による市民のための法教育なのではないでしょうか。

「裁判員ラウンジ」は、次代を担う子どもたちにこそ伝えたい法教育でもあります。家庭の食卓で、学校の教室で、誰かの裁判員経験や司法に関するニュースなどについて語り合う機会が増えれば、子どもたちが生きていくこれからの社会は、きっとより良い社会になっていくはずです。幼い頃から「正義の女神」の剣と秤の精神を持つ市民の存在は、司法にプレッシャーを与え、自《おの》ずから司法が育まれていく社会をつくると確信しています。

裁判員あるある

◆招集は最高裁からの書留郵便

最初の連絡は、11月下旬。「貴方は来年の裁判員候補者名簿に掲載されました」という連絡が、最高裁判所から届きます。裁判所からの書留郵便なんて、おそらく初めて受領する方がほとんどなのでは？　多くの方が「何か訴えられるような悪いことしたかな」とドキドキしながら郵便を受け取るようです。その後、具体的な事件の裁判員候補に選ばれると、裁判所から選任手続の呼び出しが届きます。それも、書留郵便。だんだん慣れてくるようですが、不在通知を持って郵便局に書留郵便を受け取りに行く際には、「私、悪いことしたわけじゃないのよ！」と窓口で弁解したくなる方も多いんだとか（笑）。ただし、裁判員候補者になったことは口外できませんので、実際には黙って受け取るようですが……。

◆服装は自由!!

裁判所に行く際の服装から悩む人が多いようですが、答えはズバリ「自由」です。老若男女問わずに、スーツ姿の人もいれば、普段着の人もいます。「だいたい半々くらいだった」と言う経験者が多いように思います。裁判所から服装についての指摘を受けたという事例も聞いたことはありません。ただし、裁判は被告人の人生を左右する判断をしなければならない場であるということは意識した方が良いかもしれません。なお、マスクの着用は許されているようです。

◆事件関連のニュースは見ちゃダメ？

裁判員に選任された直後に、裁判長から「今回の事件に関連するニュースは見ない方が良い」とアドバイスされることもあるようです。被告人を有罪とするか否か、量刑をどうするか、その判断の根拠として採用できるのは、公判に提出された証拠のみ。余計な先入観を持って評議に参加しないでほしいということなのでしょう。たまたま自宅と事件現場が近かった裁判員は、裁判長から「現場を見に行ってはいけない」とも言われたそうです。つい見てしまったニュースで「被告人の顔がいかにも悪そう」というイメージを持った裁判員が、法廷で被告人本人を見たら全くイメージが違ったなんてこともあるようです。

◆評議室内にスナック菓子とジュース!?

選任手続後の評議室には、簡易的な飲食物（スナック菓子とコーヒー・ジュースなどのドリンク類）が準備されています。内容は裁判体で異なるらしいのですが……。

◆日当も、交通費ももらえます！

裁判員として数日拘束されるため、日当がもらえます。拘束時間に応じて、例えば午前中だけなら4000円、終日であれば8000円から1万円といった具合です。交通費も、最も経済的な（安価な）経路・交通手段で計算された金額が支給されます。鉄道・船・飛行機以外（例えば、バス・自家用車・徒歩等）の区間は、距離に応じて1キロメートルあたり37円で計算した金額が支払われます。公共交通機関の事故等によりタクシーを使う必要があった際には、その旨を記載して交通費として申請すれば認められるそうです（理由なき遅刻の場合は、自己負担ですが）。また、裁判所から自宅が遠いなどの理由で宿泊しなければならない場合は、宿泊費も一定額内で支払われます。当然、スイートルームに宿泊した場合、その差額は自腹です。

◆裁判所に行けない事情が発生したら……

「インフルエンザに罹患した」、「台風・大雪等で交通機関がマヒしてしまった」、「不慮の事故や家庭の事情などが生じてしまった」といった急な理由で裁判所に行けなくなってしまった場合は、他の裁判員・補充裁判員で裁判ができる状態であれば裁判は予定通り行われます（補充裁判員の必要性がわかりますね）。補充裁判員を加えても裁判員6名がそろわない場合は、開廷延期となり日程を再調整することになるはずですが、そのような事例は今まで確認されていないようです。

◆入場パスあり！ 荷物検査をパスして入場

裁判員を務めている期間は、裁判所への入場パスが支給されます。東京地裁の場合、一般の入場者は荷物検査がありますが、パスを持っている裁判員は、裁判官等の職員と同じ入口から入場できて、荷物検査はありません。裁判所に行ったことのある人はわかると思いますが、普段は味わえない非常に貴重な体験です。

◆丸テーブルとファシリテーター

裁判員は、初対面の素人同士。「ディスカッションにならないのでは？」と不安になるのは当然です。しゃべり過ぎてしまうのではないか、全くしゃべれなくて恥をかくのではないかと心配になる人もいるでしょう。でも、大丈夫！ 評議の上でそうならないように、裁判所もさまざまな工夫をしています。例えば、評議のテーブルは丸テーブルで、全員からまんべんなく意見を聞けるように3人いる裁判官のうちのひとりがファシリテーター（進行役）の役割を担うなどしているようです。裁判所は、裁判官に対してファシリテーション（評議が円滑に行われるように、中立的な立場から支援する手法・技術）の研修も行っているそうです。

◆番号で呼ばれます

何らかの不利益や事件・事故がないよう、裁判員には番号が付けられ、公判では番号で呼び合います。「それでは2番さん、ご質問どうぞ」といった具合に。評議室の中では本名やニックネームで呼び合う裁判体もあるようです。でも、裁判員にとっては、裁判官とも他の裁判員とも初対面ですし、非常にデリケートな場ですので、どこまで番号を使うかは裁判長や裁判員の構成などによってさまざまなようです。最終日まで番号で呼び合って、全て終わった後に連絡先を交換し合ったという裁判員経験者もいるようです。

◆法廷へは特別な通路から

裁判官・裁判員が評議室から法廷に向かう通路は、傍聴人たちとは別の通路です。これは、被告人、被告人の関係者、そして傍聴人等との接触・事故防止の配慮からです。

◆通勤ラッシュならぬ開廷ラッシュ!?

東京地裁の場合、評議室は高層階にあります。法廷がある2階まではエレベーターで移動することになりますが、ほとんどの法廷が午前10時に開廷するせいなのか、10時前はラッシュになり、エレベーターに乗れないことがあるそうです。東京地裁で開廷がちょっと遅れたら……。それはエレベーターのせいだった、なんてこともあるのかもしれませんね。

◆被告人の手錠姿を見る事はありません

開廷直前、法廷内で被告人の手錠が開錠されている事をインターホン等で確認してから、裁判長に続いて裁判員は入廷します。被告人の施錠姿を見ることによる「印象操作」を防ぐための配慮のようです（ニュース・報道でも手錠姿は、ぼかすのが通例ですね）。

◆外窓のない法廷

法廷には外窓がありません。外窓がないと遮蔽《しゃへい》性が高まり、外部音による騒音を防止できるからです。被告人の一生を左右する法廷内での発言が、外部音で遮られることがなくなります。東日本大震災後の電力不足が問題になった際には、エアコンが止まっており、外窓全開で室内温を調整したということもあったようですが、東京地裁立川支部などでは近くにある米軍横田基地の戦闘機やヘリコプターの離着陸音による騒音に悩まされたそうです。

◆本当に専門知識は要らないの?

裁判員を務める前に、「こんな素人が、人様の人生を左右するような判断に関わっていいのだろうか」と不安になる人は多いはず。しかし、専門知識に縛られない一般人の感覚を裁判に取り入れることが、裁判員裁判のそもそもの目的。自分は自分なりに発言すれば良いのだと考えてみてはいかがでしょうか。裁判員裁判では、裁判をわかりやすくする工夫が随所に施されています。中途半端に付け焼き刃で勉強する必要はなく、ありのままで参加すれば良いのではないでしょうか。

◆公判前整理手続は、裁判員裁判の恩恵!?

裁判員裁判が始まってから、「何年もかかるイメージだった裁判が、数日で終わったので驚きました」という声をよく聞くようになりました。裁判員をそう長くは拘束できないことから、裁判官、検察官、弁護人の三者であらかじめ証拠や争点を整理しているためです。いわゆる、公判前整理手続。裁判における重要な部分が非公開で行われているという批判もありますが、裁判員裁判がもたらした恩恵と評されてもいるようです。

◆量刑データベースの存在

公判で出された証拠から「有罪か、無罪か」は決められても、それが「懲役何年になるのか」を数字で判断することは素人の裁判員には難しいのではと思っている人も多いことでしょう。そこで役に立つのが「量刑データベース」。過去の判例をデータ化したもので、検索条件を入力すると、同様の事件の結果を確認できるというものです。いわゆる「お役所の前例主義」にしたがうのでは、そもそも裁判員になった意味がない！ そう思われる方もいらっしゃるかもしれません。しかし、公平性を考えると、同様の事件で著しい量刑の差が生じてはならず、量刑データベースは大変参考になります。

◆検察官と弁護士のプレゼンテーション力

裁判員経験者の中には、「検察官と弁護人とのプレゼンテーション力の差を感じた」と言う人がいます。「検察官は非常にわかりやすく、参考資料等の準備は万端。一方、弁護人は何を論じたいのかよくわからないうえに、準備不足のことが多くて非常に残念でした」という意見はよく耳にします。検察は大きなひとつの組織であり、裁判員裁判に向けた組織的な研修が充実しているのかもしれません。ただし、「裁判員経験後に、裁判員裁判関係のイベントで出会った弁護士の先生方は素晴らしい方ばかりでした」という話もよく聞くところで、検察官を圧倒するプレゼンテーションをする弁護士が大勢いることも事実です。

◆国選弁護士と私選弁護士

「国選はボランティアみたいなものだからイマイチ」、「私選の方がお金をもらっているから絶対に質が良い」という先入観をお持ちの方はいませんか。その先入観は捨てた方がいいでしょう。国選弁護士は、所属する弁護士会による裁判員裁判のための研修を受講するなどしています。国選弁護士と私選弁護士。どちらが良い悪いは一概《いちがい》には言えません。

◆血痕の着いた凶器を見なければならないの?

初期の裁判員裁判では、検察側から血痕がついた凶器や残忍な写真などが平然と開示されていました。しかし、裁判中に開示された写真を見たことにより、裁判員がPTSDを患うということが起こりました。現在は、写真をぼかすなど生々しい写真を見ないで済むようにしたり、「これから血痕のある写真が開示されます」と説明した上で開示するようにしたり、さまざまな改善がなされています。

◆裁判所施設内外での裁判員への声かけは禁止!!

以前、公判中の被告人の関係者が、裁判所施設外で裁判員に「よろしくね!」と声をかけて、裁判員法違反(請託、威迫)で有罪になる事件が起きました。現在は法廷入口に「声かけ禁止」を喚起する貼紙も掲示されているようです。今後、同様の事件が起きてほしくないという思いは、裁判員を経験した人たちに共通するところです。

◆裁判所施設内にある食堂は入りにくい!?

裁判所内にある食堂は一般的な食堂より安価なのですが、被告人や被告人の関係者と接触する可能性があります。それを防止するために、弁当持参、仕出し弁当または裁判所施設外の食堂で昼食をとることを勧められることが多いようです。裁判所の所在地によっては、施設外にコンビニすら一軒も無いという場所もあるので、裁判所に出入りしている業者の仕出し弁当（いわゆる、一般的な企業向けのワンコインランチのようなもの）を注文したという裁判員は多く、「美味しかった！」という声をよく耳にします。

◆裁判官と一緒にランチ!?

裁判官主導で、外にランチに出かけたという裁判体もあるようです。ある裁判員経験者によれば、「最終弁論まで終了した後、評議だけの日は、裁判官に案内していただき、全員でランチに出かけました。東京地裁は家裁と地下でつながっており、お天気の悪い日は家裁の食堂に出かけました。近くに農林水産省もあり、クジラ肉を食べに出かけたことも。たまたまテレビ局が取材に来ていたのですが、さすがに顔出しNG！　取材は丁重にお断りしました（笑）」とのこと。

◆綿かポリエステルか、法服は一着支給

裁判官が着ている黒いガウンのような法服。シルクのピカピカなものかな、とか思っていませんか。実は綿かポリエステル製。裁判官になると、一着支給されるのだそうです。素材は各自で選べるのだとか。ちなみに、東京地裁の法廷はクーラーが良く効かないとのこと。法服を着ていると、冬は良いのですが、夏はとっても暑いらしいです。

◆有名人は裁判員になれない？

とある裁判官によると「有名人でも特別扱いはしないし、辞退を勧めることもない」とのことでした。しかし、現実的に考えると、有名人が裁判員になったとしたら、裁判そっちのけになる可能性があります。２０１７年11月、オバマ前米国大統領が陪審員候補者（アメリカは裁判員制度ではなく、陪審員制度を採用している）に選ばれ、選任手続に訪れて人びとを驚かせたものの不選任となったということがありました。日本では、有名人が裁判員の選任手続に公然と現れたという例は聞いたことがありません。有名人と一緒に裁判員を務めた経験があるなんて方がいたら、実態はど

のような感じだったかをこっそり教えていただきたいものです。

◆あなたの職場は大丈夫？

裁判員を務めた日が無断欠勤扱いとなって会社をクビになんてことも⁉　職場の規定は確認しましょう。

◆最後にもらえるバッジとお礼状

裁判員を務め上げた後、裁判長から記念のバッジと感謝状がもらえます。このバッジ、かつてはシリアル番号入りだったようですが、最近は番号の刻印がなくなったようです。

（注）本書における「裁判員あるある」は、裁判員ラウンジに参加した裁判員経験者たちの実体験をもとに編集したものであり、あくまでも裁判所などの公式的な見解とは関係のない、個人的な見解が中心となっていることをお断りしておきます。

ひと山なんぼの裁判員

⑤ 問題の本質とは⁉

「ひと山なんぼの裁判員④」でふれた「裁判員への声かけ事件」ですが、被疑者は裁判員法違反（請託、威迫）で起訴され執行猶予付き（3年）でしたが懲役9月の有罪判決が出たそうです。この時、世間や専門家は、「一般市民である裁判員が怖がって参加意欲が下がってしまう」、「国や裁判所は全力で裁判員の安全を守るべきだ」と主張していました。そして、裁判員候補者の「辞退率」や裁判員等選任手続への「出頭率」に影響すると懸念していました。

私は、この事件を受けて率直に、相手（被害者？）が裁判員様だからことさら大きく取り上げて逮捕勾留だけでなく起訴までして、まるで見せしめのように有罪判決を下してしまった、というふうに受け止めました。脅迫まがいの声かけはもちろんよくないですが裁判までするのであれば、選任手続の呼び出しに正当な理由もなく応じない裁判員候補者に対して裁判員法第112条（裁判員候補者の不出頭等に対する過料）の適用もきちんとするべきだと私は考えます。「裁判員に悪影響＝制度にとって害悪」という図式から、裁判員に影響をおよぼした者のみを罰するのであれば、身勝手な理由で断りもなく参加（出頭）しない裁判員候補者も、制度にとってその根幹を揺るがす存在ではないでしょうか。

そして、最近になっていよいよ、「裁判員裁判なんてまだやっていたんだ!?」、「テレビとかで見なくなったから終わったのかと思ってた」などと言われるようになりました。たしかに、当初は大きく扱われ、初の無罪や初の死刑判決など、「初もの」は日本中で騒がれました。テレビやネットでも裁判員ネタは尽きませんでした。しかし、熱しやすく冷めやすい国民性でしょうか。最近では報道もすっかり下火で、5年や10年の節目などでないと扱わなくなりました。そのため、もはやその存在すら疑われ始めています。

当たり前ですが、メディアは読者や視聴者の関心が向かないことは報じません。ということは、私たち市民の関心が薄れてきているということです。よく聞くのは、「自分には（呼び出しなんて）来ないから関係ない」という意見です。裁判員としては（司法に）関係ないかもしれませんが、被告人や被疑者、または事件の被害者としても本当に関係ないのでしょうか。その時になって慌てても遅いです……たぶん。

でも、私たち当事者の話に少しでも耳を傾けてもらえば、いくらかでも心の準備ができるかもしれません。

（たぐち・まさよし）

第II部

もっと知りたい！
裁判員制度

司法への国民参加
——裁判員制度施行10年目に足もとを見直す——

四宮　啓（國學院大學法学部教授・弁護士）

はじめに

２００９年５月21日に誕生した裁判員制度は、２０１９年５月に満10歳になります。この制度は、一定の重罪事件の刑事裁判に一般の国民が参加し、裁判官と一緒に審理、判決する制度です。２０１８年７月末現在、すでに１万件以上の裁判員裁判が行われ、補充裁判員も含めると８万人以上の国民が審理に参加しました。しかし、なぜこのような制度が導入されることになったのか、依然として疑問に感じている方も多いかもしれません。そこで施行10年目にあたり、もう一度、裁判員制度の足もとを見直しておこうと思います。

なぜ裁判員制度なのか

裁判員制度は、２００１年６月に発表された政府の「司法制度改革審議会」の勧告「司法制度改革審議会意見書―21世紀の日本を支える司法制度―」に基づいて創設されました。しかし、この勧告は、裁判員制度だけを導入しようとしたものではありません。裁判制度を超えて、もっと広く、私たちの社会を、より自由で公正で責任あるものにするために、また、より国民が主人公となる社会にするために、司法の役割を充実強化し、司法制度を変革しようとしたのです。つまり、社会のあり方を、法という客観的なルールと、司法という透明なプロセスで決めていこう、としたのです。これが「法の支配」という考え方で、司法制度改革の理念を一言でいえば、「法の支配」の理念を社会の隅々にまで広めようとしたのです。

●「法の支配」を実現する仕組みとしての国民の司法参加

このような司法制度改革の全体像を次頁の「『法の支配』を実現する仕組み」【図】を使って説明しましょう。「法の支配」という理念には2つの重要な柱があります。ひとつは「個人の尊重」という柱です。私たちの憲法は第13条で「すべて国民は、個人として尊重される」と定めて、この柱を採り入れています。社会に存在する個人（ここでは団体も含みます）は一人ひとり誰もが尊重されなければならない、という考え方です。「基本的人権の尊重」と言い換えることもできます。これまで個人が権利を侵害されたとき、日本では司法が利用されることはあまりありませんでした。「裁判沙汰」という言葉がそのことをよく表しています。しかし、それは紛争の解決がルールに基づいて行われていなかったことの裏返しです。そこで、審議会は、紛争の解決には司法を使おうと国民に呼びかけました。そのため、いつでも、どこでも、だれでも法的なサービスが受けられる「法テ

【図】「法の支配」を実現する仕組み

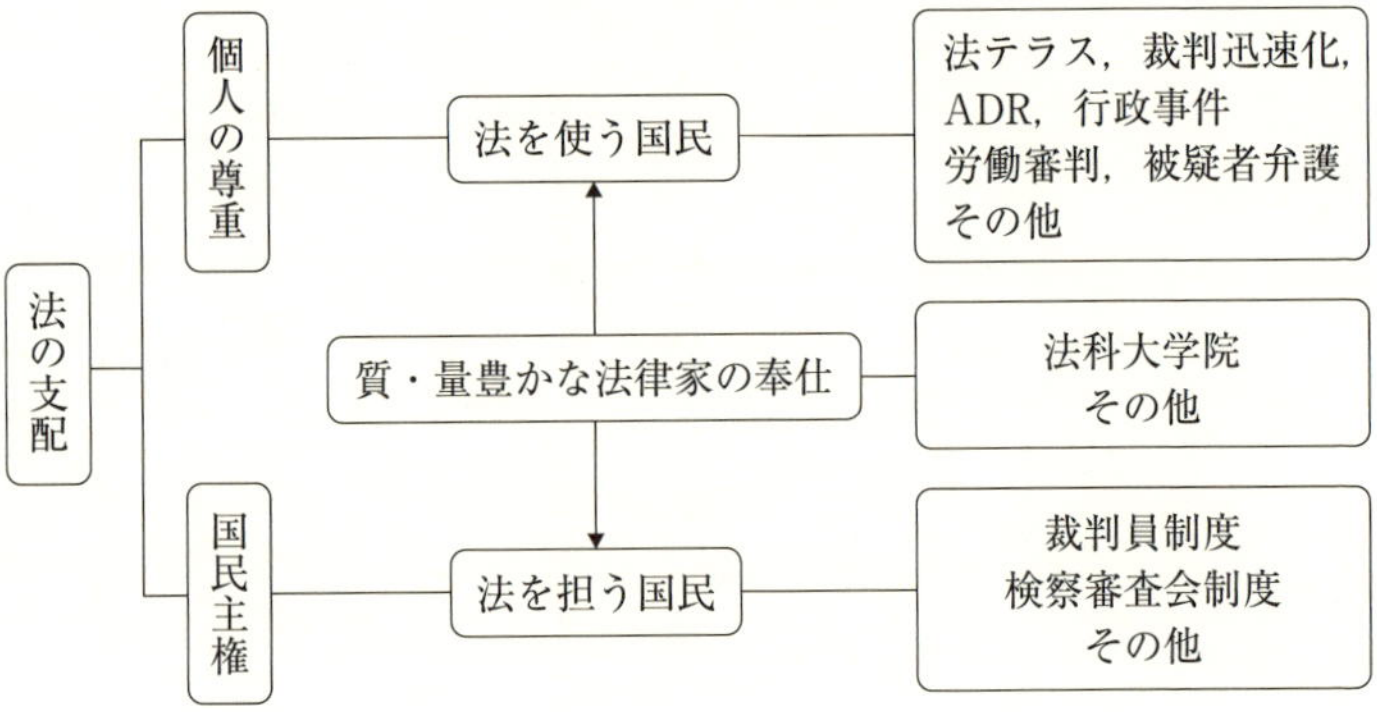

ラス」の創設を筆頭に、たくさんの司法制度を改革・創設し、使いやすく整備し、用意しました。審議会は国民に対して「法を使う国民」になってほしい、と呼びかけたのです。

「法の支配」の理念のもうひとつの柱は、「国民主権」です。この柱も私たちの憲法が採り入れ、前文や第1条で主権は国民にあることを宣明しています。これは、社会のあり方を決めるのは主権者である私たち国民ということです。そうであれば、私たちの社会の正義の実現にも、主権者のひとりとして力を貸してください、ということになります。先ほどの「法を使う国民」に対して「法を担う国民」ということができるでしょう。それが裁判員制度です。裁判員制度は、私たちの社会をより自由で公正で責任あるものにしようとする、今回の司法制度改革のひとつの、しかし重要な柱なのです。

● 国民参加と民主主義

このように、司法への国民参加は、国民主権の理念から導かれる制度です。だからこそ、国民主権を採用する民主主義国では、ほとんどの国で、国民が司法にも参加しています。イギリスで生まれたといわれ、アメリカなどに受け継がれた陪審制度では、裁判官が法的な手続と刑罰の判断を担当し、国民（陪審）は有罪無罪を判断します（アメリカでは死刑事件だけは陪審も刑罰の判断にも加わります）。フランスやドイツなどでは、裁判官と国民が一緒に、有罪無罪と刑罰を判断します。そして民主主義と国民参加の強い関係を示す良い例が、ロシアとスペインです。1989年に全体主義のソビエト連邦が崩壊し民主制が復活したロシアでは、1995年から陪審制度も復活しました。またスペインでもフランコ将軍の全体主義が崩壊した後、民主制の復活とともにやはり1995年に陪審制度も復活したのです。裁判員制度が創設されるまでは、先進工業国で構成するG7の中で国民が司法に参加していなかったのは日本だけでした。

●――国民参加と日本

このように見ると、国民の司法参加は、そもそもは外国の話ではないかと思われるかもしれません。しかし、日本にも国民の司法参加の経験があります。注目される経験のひとつは、1928年（昭和3年）から刑事事件について施行された陪審制度です（次頁の【写真】を参照）。この制度は、戦争が激化する1943年（昭和18年）まで全国で484件実施されました。戦争激化を理由に「停止」され、戦争終了後に再施行することとされていましたが、現在も停止されたままです。大正デモクラシーの下で導入された陪審制度は、当時の首相であった原敬が、刑事事件の被告人の人権

尊重や国民の政治参加の観点から導入を決断したものでした。導入の理由が、今回の司法制度改革の基本理念と重なることも興味深い点です。

もうひとつの経験は、1948年から今日まで施行されている検察審査会制度です。この制度は戦後、検察制度の民主化のために創設された制度で、検察官が不起訴にした事件について、その判断が相当であるかを11人の無作為に選ばれた国民が判断する制度です。この制度は70年の歴史を持ち、これまでに60万人以上の国民が参加してきました。

●—国民参加は機能しているか

国民参加が理念としては正しいとしても、司法は「素人」には難しいのではないかと思われるかもしれません。ここでは2つの数字を見比べてみましょう。

ひとつは、いま述べた70年の歴史のある検察審査会制度で、東京の3つの検察審査会事務局が2005年から2007年にかけて行った検察審査員経験者に対するアンケート結果です。検察審査員の意識調査によると、選ばれたときには、約70％の人が「あまり気乗りしなかった」など、消極的な回答をしていました。ところが6か月の任期（検察審査員には裁判員と異なり、6か月の任期があります）が終わるときには、経験者の96％の人が「よい経験だった」と回答しているのです。

もうひとつの数字は、裁判員経験者に対するアンケートです。２０１７年のアンケートでは、裁判員に選ばれる前は、約46％の人が「あまりやりたくなかった」など消極的な意見を持っていましたが、任務が終わったときには、やはり、経験者の約96％の人が「よい経験だった」と回答しています。２つの制度の経験者が「よい経験だった」と述べる割合の近似性に驚きます。

では、何がネガティブだった経験者の気持ちをポジティブに変えたのでしょうか。まず、第一に、検察審査員や裁判員の任務がやりがいのある仕事だったということが挙げられるでしょう。社会正義の実現という公共的な仕事を、みんなで力を合わせてやり遂げたという充実感です。もうひとつは、検察審査会や裁判員裁判に関わる専門家が、検察審査員や裁判員が充実した仕事が出来るようサポートしている、ということも挙げられるでしょう。

●——裁判員制度は何を変えるのか

では裁判員制度はこれまでに何を変え、これから何を変えていくのでしょうか。

まず、裁判員制度は刑事裁判そのものを革命的に変えました。これまでの刑事裁判は、専門家だけが参加して運営されてきたために、透明性が低く、わかりづらく、また時間がかかるものでした。ところが、裁判員が参加することによって、刑事裁判は、法廷で、目で見て耳で聞いてわかる裁判になりました。その結果、密室での取調べを録音・録画したり、また検察官が持っている証拠を一定の範囲で被告弁護側に開示したりするなど、これまでと比べて裁判の透明性が増し、説明責任が果たされ、公正で迅速なものになってきました。これは裁判を受ける被告人にとってもプラスです。このように裁判が変わったのは、判断者として参加する国民が、刑事裁判に透明性と説明責任、そして公正を求めるからです。

裁判員制度が、変えるものがもうひとつあります。それは日本の民主主義です。民主主義というと、選挙の投票を考えますが、民主主義は、結果だけでなく、むしろプロセスが重要です。民主主義では、国民に関わる重要な事柄について、提案があり、討論があり、そして主権者の表決が行われます。裁判はまさにこのプロセスそのものです。検察官が「この被告人は罪を行ったから罰すべきだ」という提案をし、その提案について証拠と法による討論が行われ、その提案が正しいかどうかについて表決するのです。裁判員としての経験は、討論を中心とする民主主義のプロセスを経験することです。日本は民主主義国ですが、この「討論する民主主義」を実践する場所が少ない国でした。ところが、裁判員経験者の感想には、次のようなものが出ています。「最初はなんで自分が当たったのかと思ったけれど、考え方が変わりました。個人個人で集合している社会なので、個人が声を上げていかないと社会は変わらない。制度には色々な見方がある。少しでも社会を住みやすくするために自分が何をできるかと考えれば、制度は発展していくと思います」（産経新聞2009年8月6日）。アメリカの陪審員経験者の多くも、裁判の当事者に対する責任だけでなく、社会に対して責任を負っているという感想を述べています。アメリカの調査では、陪審員を務めた人は、投票に行く割合が増えるという結果も出ています（ジョン・ガスティル他『市民の司法参加と民主主義』日本評論社）。

このように、裁判員としての経験は、国民の主権者としての意識にも影響を与えるでしょう。

●──国民参加制度のこれから（課題）

本書では裁判員制度について多くの課題が議論されています。課題解決の糸口は、制度の基本理念に戻って、その理念を実現できる解決方法は何かを考えることが、正しい、一番の近道です。司法制度改革の理念は、「個人の尊重」と「国民主権」でした。一人ひとり尊重される個人同士が、コミュニケーションを通じて社会のあり方（公・公共）を決めていくのです。「公・公共」は官の独占物ではありません。「個人の尊重」と「国民主権」を理念とする社会では、「官の独占物としての公・公共」ではなく、「民が担う公共」こそがふさわしいでしょう（山脇直司『公共哲学とは何か』ちくま新書）。裁判員制度の課題の議論も、皆さんが主権者としての任務を適正に行えるかどうか、行えるようにするためにはどこをどう直せばいいかを、国民の皆さん自身が議論していくことが必要です。そのようなあり方から、いくつかの課題について考えてみたいと思います。

専門家のあり方

第一は、専門家のあり方です。裁判員制度においては、国民が他者とのコミュニケーションを通じて「法の支配」を実現していくとすれば、私生活を犠牲にした少数の専門家たちによってのみ国民の幸福は実現できるとする専門家主義は、この考え方とは相容《あい い》れないでしょう。専門家は、「自分たちにしかできない」という考え方から、「国民の主体的・自律的営みに貢献する」という考え方にシフトすべきです。裁判員裁判の10年間の運用が、有罪無罪の判断（事実認定）や刑罰の判断（量刑）において専門家主義に傾斜していないか、点検することが必要です。

公開性の徹底

第二に、公開性のあり方です。裁判員裁判が、民が担う公・公共の最たるものであるとすれば、それはできる限り公開性の条件を備えなければならないでしょう。裁判員制度を実施するためには、例えば訴追側の当事者（検察官）が持っている証拠を防御側当事者（被告人・弁護人）に開示することが求められます。そのために刑事訴訟法が改正され、証拠開示が従来よりも拡充され、また密室における警察官や検察官の取調べを録音・録画することが始まりましたが、いずれもまだ一部に限られています。

コミュニティーとのコミュニケーション

第三に、コミュニティーとのコミュニケーションのあり方が問われます。裁判員法は、裁判員経験者に対して、任務を終えた後にもさまざまな守秘義務を罰則付きで課しています（裁判員法79条）。しかし、公共性におけるコミュニケーションの重要性は、裁判員経験者とコミュニティーとの間にも妥当します。「『思考する自由』にとって『思考を公共的に伝える自由』は必須の条件である」（カント）。必要以上に「伝える自由」を制限することによって、「公共的討議」の経験が伝達できないとすれば、それは「公共性」の概念矛盾ともいえるでしょう。経験の伝達をできる限り保障するために、守秘義務のあり方が再検討されるべきです。

おわりに

１８３０年代初期にアメリカの政治制度を観察したフランスの裁判官トクヴィルは、「陪審制を司法制度として見ることに限るとすれば、思考を著しく狭めることになろう。なぜなら陪審制が、訴訟のあり方に多大な影響を及ぼすとしても、それはなおはるかに大きな影響を社会の運命それ自体に及ぼすからである。陪審制は、だから、なによりも一つの政治制度である。これについて判断を下すには、つねに、この見地に立たねばならない」と述べました（トクヴィル『アメリカのデモクラシー 第一巻 下』岩波文庫）。

また、日本の陪審法の公布にあたり、法学者の穂積陳重は、当時もあった「陪審制度を国民は望んでいない」という意見について、要旨次のように述べています。「陪審制度は国民の希望ではないとの意見もありますが、これは社会をどう見るかによって意見が異なると思います。もし現在の社会を過去の結果として見るのであれば、陪審法は国民の希望ではないということもできるかもしれません。これに対して、現在の社会を将来の原因として見るのであれば、立法における選挙権、行政における自治権と並んで、司法参加の要望が国民の胸の内に存在することは明らかであります。過去の結果としての現在のみに着目して『国民の要望ではない』というのは、盾の一面のみを見た意見と言わなければなりません。すべて立法は将来のためにするものです」（武田宣英『日本陪審法論』有斐閣）。

誰が、より透明で公正な裁判を創るのか。誰が、より自由で、公正で、責任ある社会を創るのか——裁判員制度にはその答えがある、と私は思います。

裁判員制度の課題と展望について

大城　聡（弁護士）

●裁判員制度の課題

1　裁判員制度の根本に関わる問題

裁判員候補者に選ばれた人は、２００９年５月21日の制度開始から２０１８年12月までの間に２８９万７６０６人に上ります。20歳以上の日本人の約36人に１人が裁判員候補者に選ばれていることになります。そして、このうち裁判員・補充裁判員として実際に刑事裁判に関わった人数は８万人を超えています。裁判員制度は、制度開始から今日まで比較的順調に運営されていると評価されることがあります。たしかに、大きな事故もなく、８万人を超える市民が裁判員・補充裁判員として刑事裁判に関与してきています。しかし、裁判員の心理的負担などいくつかの課題も上がっています。ここでは裁判員制度の根本に関わる問題について考えてみたいと思います。その問題とは、①裁判員の経験が共有されていないこと、②市民の参加意欲が低下していること、③裁判員候補者の辞退率が上昇し、出席率が低下していることです。

2　共有されない裁判員の経験と低迷する参加意欲

裁判所は、裁判員経験者にアンケートを実施しています。そのアンケートの中に、「裁判員として裁判に参加した感想」を尋ねる質問があります。制度開始から平成28年12月までの集計結果をみると、「非常によい経験と感じた」（56・8％）、「よい経験と感じた」（38・8％）、「あまりよい経験とは感じなかった」（2・1％）、「よい経験とは感じなかった」（0・8％）、「特に感じることはなかった」（0・5％）、「無回答」（0・8％）となっており、裁判員の経験を「よい経験」と感じた人が95・6％となっています（最高裁判所「裁判員等経験者に対するアンケート調査結果報告書（平成29年度）」）。

しかし、この裁判員経験者が「よい経験」と感じたことは、世の中に十分に伝わっていません。最高裁判所の「（平成30年1月調査）裁判員制度の運用に関する意識調査」では、「あなたは裁判員として刑事裁判に参加したいと思いますか？」という質問に対して、「参加したい」（5・2％）、「参加してもよい」（10・6％）、「あまり参加したくないが、義務であれば参加せざるを得ない」（41・3％）、「義務であっても参加したくない」（41・7％）、「わからない」（1・3％）となっています。

実は、制度開始時から比べると「参加したい」、「参加してもよい」の合計は21・2％から15・8％に低下、「義務であっても参加したくない」は36・3％から41・7％に上昇しています。

3　上昇する辞退率と低下する出席率

参加意欲の低迷は、一般の市民に対する意識調査の結果だけではなく、裁判員の選任手続にも影響を与えていると考えられます。選任手続についてみると、選定された裁判員候補者のうち、辞退が認められた裁判員候補者の割合（辞退率）は、制度開始時の53・1％から上昇しており、2017年は66・0％、2018年は67・0％となっています。

次に、質問票等で事前には辞退が認められず、選任手続期日に出席を求められた裁判員候補者の出席率は、制度開始時の83・9％から低下しており、2017年は63・9％、2018年は67・5％となっています。制度開始時から比べると出席率は約16％低下しています。

このように、参加を辞退する裁判員候補者の割合が増え、出席率も低下する中、最高裁判所は、2015年から裁判員候補者への通知書類を発送する際に、最高裁判所長官による裁判参加を呼びかけるメッセージを同封しています。しかし、この呼びかけ後の推移を見ても、辞退率と出席率について大きな改善があったとは言えない状況が続いています。司法への市民参加によって司法の国民的基盤をより強固にすることを理念として始まった裁判員制度にとって、参加意欲の低迷や辞退率の増加、出席率の低下は、制度のあり方の根本に関わる問題と言わざるを得ません。

●裁判員の経験共有を妨げる「2つの壁」

1 なぜ裁判員の経験が共有できないのか

裁判員を経験した人の95％以上が「よい経験」と答えているのに、なぜ市民の参加意欲が低下し、裁判員候補者の辞退率が上昇し、出席率が低下しているのか。それは裁判員の経験が共有されていないからではないでしょうか。制度開始当時のようにメディアが裁判員制度そのものを伝えなくなった今日、裁判員を経験した人が、次の裁判員に自分の経験を伝えていくこと、社会の中で裁判員の経験を蓄積していくことが大切です。しかし、この経験の共有を阻む2つの壁があります。

2 裁判員候補者であることの公表禁止規定

ひとつ目は、自分が裁判員候補者であることを公にしてはいけないという公表禁止規定（裁判員法101条1項前段）です。罰則はありませんが、裁判員候補者通知が届いたことを公表してはいけないとするこの規定は市民を萎縮させ、裁判員制度から遠ざける弊害があります。裁判員候補者を守るためには、事件ごとに呼出状の発送を受けたことを公にしていけないとすれば十分です。毎年20万人以上が裁判員候補者になるので、この時点で裁判員候補者であることを公表しても、事件関係者から不当な働きかけをされる危険性は極めて低いといえます。裁判員候補者の公表禁止規定を見直しを行えば、年間20万人以上の裁判員候補者に直接影響を与え、裁判員制度を身近にする効果が期待できるのではないでしょうか。

3　裁判員経験者に課される守秘義務

2つ目の壁は、裁判員経験者に課される守秘義務です。現在、裁判員の役割の中心である評議全般について守秘義務があり、その経験を伝えることができません。感想は述べられますが、守秘義務違反をおそれ、萎縮して話さない裁判員経験者が多くいます。守秘義務を全てなくすのではなく、発言者が特定される内容に守秘義務の範囲を限定するなど、経験を伝えられるように守秘義務を緩和することが必要ではないでしょうか。

●市民の視点から裁判員制度を見直す

1　裁判員法の見直し規定

裁判員法は附則で施行3年後に見直しを検討するよう規定していました。この規定に基づき、著しく審理期間が長期の裁判を裁判員裁判の対象から除外可能にする規定など2015年に裁判員法の一部が改正されました。また、この法改正では、政府案が衆議院法務委員会で修正されて改正から3年経過後に再度の見直しを検討する規定が盛り込まれることになりました。2018年12月から再度の見直しの検討が始まっています。偶然ですが、裁判員制度施行10周年のタイミングに、裁判員法を見直す機会が設けられたことになります。

2　守秘義務の在り方などを十分に検討するよう附帯決議が可決

衆議院法務委員会では、再度の見直しに際しては「国民の視点からの見直しの議論が行われる」ように十分に配慮すること、「裁判員等の守秘義務の在り方等、当委員会において議論となった個別の論点については、引き続き裁判員制度の運用を注視し、十分な検討を行うこと」との附帯決議が可決されています。再度の見直しでは守秘義務の緩和も大きな論点となります。

3　展望──市民の視点から次の10年を考える

裁判員の心理的負担の軽減のために各裁判所に臨床心理士等を配置することや裁判員裁判の控訴審の日程を公表すること、裁判員候補者のうち希望する人に「裁判員事前ガイダンス」をすることなど法改正を行わなくとも制度運用で改善できることもまだ多くあります。一方で守秘義務の緩和など法改正が必要な見直しもあります。また、市民参加を徹底するために控訴審にも市民が参加する「控訴審裁判員」の仕組みも検討すべきです。制度運用の改善と法改正の両面から、裁判員制度の10年間を検証し、さらに次の10年間を考えて、市民の視点をどのように制度に反映するのかが問われています。

裁判員制度をめぐる諸問題

取調べビデオ録画について

指宿 信
（成城大学法学部教授）

●はじめに――取調べの可視化

先般行われた刑事訴訟法の改正により、２０１９年６月から、裁判員裁判対象事件で被疑者が身体拘束されている場合には、その取調べを録音録画すること（いわゆる「取調べの可視化」）が法律で義務付けられます。

この取調べの可視化については、１９８０年代に英国で法制化されて以降、世界各地でその義務付けが普及してきました。アジア圏でも台湾や韓国などが先行し、日本弁護士連合会が２００３年から導入運動を行なってきた結果、ようやく検察改革を契機に進められることとなった刑事司法改革の一環として、裁判員裁判対象事件と検察独自捜査事件に限り、被疑者が身体拘束されている場合はその取調べを録音録画していなければ、被疑者の供述調書を公判廷で取調べ請求することができない、という制度が設けられることとなったのです。

報道等によれば、２０１７年度は、警察段階では対象事件の96・２％で、検察段階では対象事件の98・4％で、それぞれ実施されていると伝えられており、２０１９年の法律施行を前にしてその普及は目覚ましいものがあります。

●取調べ可視化導入目的

取調べの可視化が世界中で普及したのは、第一に、密室での取調べに違法があったか否かを事後的に明らかにさせる、まさに「可視化」という目的に最も適した手段だと考えられたことがあるでしょう。第二に、公判廷で被告人段階になって警察等で行なった自白を翻《ひるがえ》したり（捜査段階では嘘を言った）、自白の任意性を争ったり（警察に強制的に言わされた）した場合に、これを判断する材料として映像が最適の証拠になると考えられたからに他なりません。

私は、英国、米国、カナダ、オーストラリア、ニュージーランドといった欧米諸国における取調べの録音録画制度を網羅的に調査研究してきました。判例や法律といった制度面のみならず、現地で警察官や弁護士などにインタビューしたり、警察や政府が実施した実態調査などの実証的なデータも収集したりしましたが、どこの国でも、誤判冤罪《えんざい》の経験を重ねた結果、虚偽の自白が主要原因であることが判明していました。その理由は、密室での取調べの結果生まれた被疑者の自白が任意に得られた（自白の任意性あり）と考え、真実を語っていると認定した（自白の信用性あり）点にあるとされています。そこで、こうした過ちを克服する必要から、取調べを録音あるいは録画して事後的に検証できるようにする以外にない、という考えが普及しました。

●映像バイアス──心理学からの警告

このように取調べ映像記録が確保されるようになったのは良いのですが、そうした映像を法廷で再生した場合に、観る者に心理的な影響を与えること、そして人はそうした影響から逃れることはできないことが心理学者から警告されたのです。最初にこうした影響を心理実験によって指摘したのは、オハイオ大学のラシター教授らのグループでした。ラシター教授らは、映像に二人の話者が向き合っている場合に、顔が映っている人の方が、背後だけ映っている人よりも対話において主導権を持っていると映像を観る人が感じる傾向があることを踏まえて、取調べ映像にも同じような現象が起きるのではないかと考えて実験をしたのです。

彼らは、同じ被疑者取調べについてカメラのアングルを変えた3種類の取調べ映像を用意しました。第一は、被疑者にカメラを向けて撮影するもの、第二は、取調官に向けて撮影するもの、第三は、向かい合う両者を横から撮影するもの、です。そうすると、視聴者は自白の任意性と信用性のどちらについても、被疑者にカメラを向けた場合により肯定的になることがわかったのです。

これをラシターたちは「カメラ・パースペクティブ・バイアス」と呼びました。それだけではなく、どうすればそうした現象を抑えることができるか、すなわち、バイアス（偏見）を希釈化できるかという実験を続けました。例えば、一般市民には影響が出ても警察官や裁判官であれば変わるのではないか、映像を視聴する前に裁判官が警告を与えておけば影響を避けられるのではないか、あるいは専門家によってバイアスの危険性を警告してもらえば回避できるのではないか、と考えて、いろいろな条件で次々と試してみたのです。驚くべきことに、いずれの方法でもバイアスを弱めることはできず、被疑者にカメラを向けた場合、無意識のうちに生まれる視聴者のバイアスは強固で、視聴する前後にさまざまな工夫を施してもバイアスを解消することはできず、唯一可能な対策として被疑者を正面から撮影するのを止めることである、と結論づけたのです。

実際、ニュージーランドの警察はラシターらの実験結果を受けて、被疑者の取調べを横から撮影しています。日本弁護士連合会も心理学の知見を踏まえて撮影方法の見直しを警察庁や検察庁に申し入れています。

●現実化した映像バイアス問題

この映像バイアスの問題はこれまで日本では十分に認識されてきませんでした。法律家たちもラシターらの実験結果を真剣に受け止めていたようには思われません。そのうえ、取調べ可視化が議論された当初はこれに強く反対していた検察庁は、取調べ映像が裁判員の有罪心証形成に役立つとして可視化映像を有罪の立証に用いる「実質証拠（証明したい事実を支える証拠のこと）」としての利用を現場に勧めるほど映像利用に積極的に転換したのです。

それにも関わらず、映像バイアス問題が学界や法曹界で注目を集めることはありませんでした。この問題が認識されるようになったのは、いわゆる今市事件（202頁以下参照）と呼ばれる女児殺害事件の裁判員裁判がきっかけでした。この事件の裁判では、検察側と弁護側の同意のもとに、80時間以上撮影されたといわれる取調べ映像のうち7時間以上が公判で再生されたのです。それは、被告人が捜査段階で任意に自白したのか、それとも強制的に自白させられたのかを検討する資料とするためでした。そして、2017年4月8日に宇都宮地方裁判所で被告人に有罪判決が言い渡された際、裁判員のひとりは記者会見の中で取調べ映像がなければ有罪とすることができなかったとコメントしたのです。これによって、取調べ映像が自白の任意性判断の資料としてではなく「実質証拠」として裁判員の事実認定に大きく働いていた疑いが表面化するにいたりました。ラシターたちの懸念が日本でも現実化したのです。

ところが、2018年8月、東京高等裁判所は、今市事件の控訴審でこうした映像バイアスの危険性に着目し、録音録画記録媒体を視聴した結果得られた判断は、「判断者の主観により左右される、印象に基づく直感的な判断となる可能性が否定でき」ないと疑問を投げかけ、一審の判断を破棄しました。この判決を契機として、映像バイアスの危険性が広く報道されるようになりました。

●おわりに―問題の認識とこれから

裁判員であろうと裁判官であろうと、無意識に抱く偏見を避けることはできません。そうしたバイアスの発生を回避しうる制度や仕組みを検討することはどんな時代でも必要でしょう。違法な取調べに対する対策として期待された取調べのビデオ録画が、誤った有罪判決の原因とならないよう、撮影方法を変更したり、法廷での取調べ映像の再生を控えておくことが肝要と考えます。

【参考文献】

①指宿信『被疑者取調べ録画制度の最前線―可視化をめぐる法と諸科学』（法律文化社、２０１６年）
②牧野茂・小池振一郎編『取調べのビデオ録画―その撮り方と証拠化』（成文堂、２０１８年）
③指宿信編『取調べの可視化へ！―新たな刑事司法の展開』（日本評論社、２０１１年）

辞退率（職場の理解等）の問題について

飯　考行
（専修大学法学部教授）

●社会の縮図としての裁判員

裁判員は、衆議院議員選挙の選挙権を有する20歳以上の国民からくじで選ばれます。くじによる選任には、広く一般の国民からなる社会を裁判員の構成に反映させて、裁判体を社会の縮図とする意味があります。さまざまな年代や職業の市民が裁判に参加することで、事件の真相をとらえ、多角的な観点から検討を加えて、質の高い裁判を実現することが期待されているのです。

しかし、裁判員候補者に選ばれたのに、辞退する人が増えたり、裁判所での裁判員選任手続に来ない人が増えたりすると、裁判員の構成が偏る可能性があります。例えば、時間のある無職の人や高齢者と、裁判員休暇制度のある大企業正の社員や官庁の公務員が、裁判員の多くを占める事態が生じるかもしれません。

●裁判員候補者の辞退率上昇と選任手続出席率低下

実際に、裁判員候補者の辞退率は上昇しています。裁判員制度の開始した2009年は53・1%でしたが、2018年には67・0%で、10%以上増えており、3人に2人ほどが辞退している計算になります。また、裁判所での裁判員選任手続への出席率は、2009年の83・9%から、2018年の67・5%へ20%弱減っており、裁判員候補者に選ばれても無視する人が増えていることを意味します。

最高裁判所は、裁判員候補者の辞退率上昇と選任手続出席率低下の原因を突きとめるため、調査を委託しました。その結果、審理予定日数の増加傾向、雇用情勢の変化（非正規雇用の増加）、高齢化の進展、国民の関心の低下が、それぞれ影響していることがわかっています。同じ調査の市民アンケートで、連日審理する場合に最大何日間参加可能かを質問したところ、3日以内は75%ほどが可能と回答しましたが、15日以上は5・7%しかいませんでした。裁判員のうち、何らかの仕事を持っている人は8割ほどおり、裁判員を務めることによる仕事への影響が、裁判員を辞退する大きな理由になっていると考えられます。

●裁判に参加する場合の心配や支障

また、別の裁判所の世論調査によれば、裁判に参加する場合の心配や支障になるものとして、物理的な負担よりも、心理的な負担が多く挙げられる傾向にあります。すなわち、２０１７年度の調査結果によれば、心理的負担に関わる回答が多く、「自分たちの判決で被告人の運命が決まるため、責任を重く感じる」（75・０％）、「素人に難しい裁判という仕事を正しく行うことはできないのではないかという不安がある」（56・８パーセント）、「被告人や関係者の逆恨み等により、身の安全が脅かされるのではないかという不安がある」（47・３％）、「冷静に判断できる自信がない」（47・２％）、「遺体写真等の証拠を見ることに不安がある」（46・３％）、「専門家である裁判官と対等な立場で自分の意見を発表できるか自信がない」（46・０％）の順に続きます。

次に、物理的負担として、「裁判に参加することで仕事に支障が生じる」（38・７％）、「裁判に参加することで養育や介護に支障が生じる」（17・６％）が挙げられていました。その他に、「裁判員の職務を通じて知った秘密を守り通せるか自信がない」（28・７％）があります。

●課題と論点

以上の調査結果から、裁判員を務めることへの職場の理解や休暇制度の整備とともに、裁判員の仕事に関する負担感と不安をできるだけ取り除くことが、課題として考えられます。

裁判員法では、労働者が裁判員の職務を行うために休暇を取得したことなどを理由として、解雇その他の不利益な取り扱いをしてはならないことになっています。しかし、使用者がこの規定に違反しても罰則がないこともあり、中小企業の中には、従業員が裁判員を務めることについて十分な理解のないところもあるようです。パートや派遣労働者などの非正規雇用の従業員への対応を含めて、職場で裁判員を務めやすい環境整備が期待されます。

前記の世論調査で挙げられる心理的負担の多さには、刑事裁判や裁判員制度がいまだ市民にとって身近でないことによる漠然とした不安も含まれているように見受けられます。不安感をできるだけ払拭するためには、裁判所を見学し裁判員裁判を傍聴したり、裁判員を経験した人の話を聞いたり、刑務所を見学したり、できるだけ裁判や司法の実情にふれることが役立つでしょう。

裁判員経験者のアンケート調査によれば、裁判員に選ばれる前は、半数ほどの人がやりたくないと思っていたにもかかわらず、実際に裁判員を務めた後は、裁判員として裁判に参加したことを、95%以上の人は良い経験と感じたと回答しています。

また、裁判員経験者のうち70%前後は、「評議で十分に議論できた」、「審理内容はわかりやすかった」と答えています。裁判員法で、裁判官、検察官と弁護人は、審理を迅速でわかりやすいものとするように努めなければならないものとされています。これらの実務法律家が、裁判員の負担を重くせず、裁判員がその職責を十分に果たすことができるよう、工夫しているためもあるでしょう。

平均して、裁判の審理日数は6日程度で、裁判の始まりから判決言い渡しまで10日程度かかります。被告人が無罪を主張するなどする否認事件や、複雑な事件では、裁判が長期化する傾向にあります。２０１８年の神戸地裁姫路支部の裁判員裁判では、審理が4月から11月まで、延べ２０７日かかり、証人は１００人を超えました。裁判員のうち３人は途中で辞任し、６人選任されていた補充裁判員のうちの3人が代わりを務めています。

　裁判員法は2015年に改正され、裁判が著しく長期にわたる場合や、公判が著しく多数回にわたる事件は、裁判官のみの裁判で行うことができます。しかし、長期にわたる否認事件などの争いのある裁判ほど、冤罪《えんざい》を生まないよう、裁判員の加わった慎重な審理が求められるため、裁判員を務める市民の負担のバランスが課題になります。

　裁判員の身の安全へのおそれは、前述の通り、裁判に参加する場合の心配や支障に挙げられています。裁判員法で、裁判員などの生命、身体もしくは財産に危害が加えられるおそれや生活の平穏が著しく侵害されるおそれのある事件などは、裁判官のみの裁判で取り扱うことになっています。裁判員に、事件関係者や記者が働きかけをしたり脅したりすることは、懲役刑の罰則付きで禁じられています。

　2016年の福岡地裁小倉支部の裁判員裁判では、審理後に裁判所の外に出た裁判員に、被告人の知人が「あんたらの顔は覚えとるけね」などと声をかけ、怖くなった裁判員は次々に辞任しました。この裁判員声かけ事件を受けて、最高裁判所は裁判員の安全確保を徹底するよう全国に通知し、ほとんどの地裁・地裁支部は送迎や付き添いなどの対策を講じています。

裁判員制度をめぐる諸問題

裁判員制度をめぐる報道のあり方について

杉崎千春
（専修大学大学院法学研究科在学生）

「K県女性殺害事件で、S署は昨夜未明、被害者の交際相手だった××容疑者を殺人の疑いで逮捕した。容疑者は逮捕時に約100メートル逃走したが警察官に取り押さえられた。容疑を否認している」。これは例え話ですが、似たようなニュースを聞いたことがあるのではないでしょうか。あなたが今もしも、この容疑者が犯人だろうと感じたとしたら、一緒に少し立ち止まってみませんか。「容疑者＝真犯人」と見る視点を「犯人視」といい、それら先入観や偏見を「予断」と呼びます。裁判の原則はあくまで「無罪推定」です。裁判員が判断を下すとき、予断を持って臨んでしまっては公平な裁判は実現できません。予断を市民に与えるような報道が悪い、と考える人もいるでしょう。それも一理あるかもしれません。しかし、報道も過去から何も変わらずにいたわけではありません。事件報道には戦後2度の大きな変革がありました。

ひとつは「容疑者」呼称の定着です。「容疑者」とは「犯罪を犯した疑いがあり、捜査の対象とされているが起訴はされていない者」のことを指しますが、法律用語では「被疑者」と呼びます。昭和の終わりごろまで、一般的に報道では被疑者は呼び捨てでした。被疑者に対し「容疑者」という呼称をつける慣習は、NHKが1984年4月から原則「容疑者」という呼称をつけることを決定した（1984年2月25日、読売新聞朝刊22面）のを皮切りに、1989年12月には各新聞社も、原則として容疑者呼称をつけての報道に切り替えることを社告で発表しました。呼び捨てではいかにも悪人のような印象を与えてしまうことから、これは犯人視報道脱却の初めの一歩だったといえるでしょう。

もうひとつの大きな変革が、裁判員制度導入に伴う報道姿勢の変化です。2003年3月、裁判員法の原案に「偏見を生じさせるなど、裁判の公正を妨げるおそれのある行為を行ってはならない」として、報道機関へ配慮を求める規定が盛り込まれました。これに対し同年5月、日本新聞協会は「『表現の自由』を実質的に制限する内容であり、国民の『知る権利』に応えられなくなる」（日本新聞協会「裁判員制度に対する見解」https://www.pressnet.or.jp/statement/030515_37.html）とし、報道機関による自主ルール制定の用意があるとしたうえで、表現の自由と報道の自由に配慮するよう求めました。結果として2004年に成立した裁判員法では、この規定は削除されています。

その後、2007年9月に行われた新聞・放送・出版各社などでつくるマスコミ倫理懇談会で、最高裁判所刑事局の平木正洋総括参事官（当時）が、「現在の報道のままでは、裁判員が公判前から『被告が犯人ではないか』という予断を持つ恐れがある」（2007年9月29日、読売新聞朝刊37面）と懸念を表明し、問題がある報道として、容疑者の自白の有無や内容、生い立ち、対人関係、容疑者の前科・前歴、事件に関する識者のコメントなどの項目（2007年9月28日、毎日新聞朝刊30面）を挙げました。報道機関からは報道規制につながりかねないとして反発する意見も上がりました。

日本新聞協会は、それらの指摘を踏まえ、2008年1月「裁判員制度開始にあたっての取材・報道指針」を発表し、大きく4つの項目を挙げました。

①捜査段階の供述の報道が、内容の全てがそのまま真実であるとの印象を読者・視聴者に与えることのないよう、十分配慮する

②被疑者の対人関係や成育歴等のプロフィールは、当該事件の本質や背景を理解するうえで必要な範囲内で報じる

③前科前歴については慎重に取り扱う

④事件に関する識者のコメントや分析は、被疑者が犯人であるとの印象を読者・視聴者に植え付けることのないよう十分留意する

これらは協会加盟の各社共通ルールではなく、「本指針を念頭に、それぞれの判断と責任において必要な努力をしていく」もので、各新聞社はこの指針発表後それぞれにガイドラインを作成し公表、運用を始めました（読売新聞は2008年春に運用を開始〔未公表〕。その後、2008年12月に毎日新聞、2009年2月に産経新聞、同年3月に朝日新聞、同年5月に日本経済新聞〔運用開始は同年3月〕が公表）。例えば「調べによると」という従来の表記は、誰が調べたのか、捜査機関発表

の情報なのかがわかりづらく、読者にこれらの情報が確定的な事実であるという印象を与える可能性があった（2009年2月27日、読売新聞朝刊13面）とされ、変更されました。朝日新聞が示した新しい記述例（2008年9月26日、朝日新聞朝刊3面）を見てみましょう。

〈旧〉○○署は25日、××容疑者を傷害致死容疑で逮捕した。調べによると、××容疑者は（中略）夫の××さんの腹を包丁で刺し、死なせた疑い。容疑を認めているという。

〈新〉○○署は25日、××容疑者を傷害致死容疑で逮捕したと発表した。同署によると、（中略）夫の××さんの腹を包丁で刺し、死なせた疑いがある。容疑を認めている、と同署は説明している。

若干のニュアンスの違いが感じられるでしょうか。たしかに、情報の出所がはっきりと示されているし、従来よりも断定調から遠ざかったような気もします。しかし、これで読者が従来と異なる受け取り方ができるのでしょうか。厳しいかもしれませんが、容疑者呼称の進歩に比べると、半歩しか進んでいないように思えます。

平木参事官に対し反発意見が上がったように、公平な裁判の要請と表現（報道）の自由はどうしてもぶつかり合ってしまうものです。海外でもそれは同じで、バランスの取り方を工夫しています。

イギリスでは、進行中の事件について公正な裁判が行えなくなるような報道をした場合には法廷侮辱罪が適用され、罰せられます（最高裁判所内委員会「明日の裁判所を考える懇談会」第8回資料 http://www.courts.go.jp/saikosai/vcms_lf/80710002.pdf）。適用される可能性があるのは、被告人の前科や、裁判が行われる前に被告人がした自白の暴露の報道などです。公平な裁判の要請に重きを置いて、表現の自由を規制したかたちといえます。

対照的にアメリカは、事件や裁判に対しての報道の制限をおいていません。修正憲法第1条で表現の自由を制限する法律を制定することを禁じているためです。しかし、それ故に陪審員が報道による偏見を持ったまま裁判に臨んでしまう可能性があります。表現の自由を規制せずに公平な裁判を実現するため、対策として、ほとぼりが冷めるまで裁判を延期したり、事件発生地から距離が遠く影響が薄い地域を裁判地に変えたりしています(ニール・ヴィドマー、ヴァレリー・ハンス(丸田隆〔代表編訳〕)『アメリカの刑事陪審 その検証と評価』(日本評論社、2009年、70頁)。

日本でも、現場の記者には少しずつ変化が表れています。東京地検特捜部などが扱うような大きな事件の場合、以前は検察への取材のみがほとんどでしたが、今では早い段階から検察官と弁護人の両方に取材をするようになりました。両者の意見を対等に報道し、読者に多角的な視点を与えることで、一方的な犯人視を防ぐことができます。弁護側が報道機関に情報提供を行うことは時として弁護活動の妨げになるため、全ての事件において弁護側の意見を報道することは難しいかもしれませんが、対等報道を目指す試みは、犯人視脱却への大きな可能性を秘めていると思われます。

立ち止まって考えて、何か得られたものはありましたか。情報の受け手である私たちも、影響を受けて予断を持ってしまうかもしれないことを自ら意識し、報道へ向ける視線を変えていかなければなりません。この一文もその手助けになれたら幸いです。

ベルギーから見た裁判員制度
――変動する社会における市民の好機

ディミトリ・ヴァンオーヴェルベーク（ルーヴェン・カトリック大学）
訳：飯　考行

●裁判員制度が市民にもたらす機会

市民が刑事裁判手続に参加する新たな機会を得てから、ほぼ10年が経過しました。２００９年５月21日に施行された裁判員制度は、さまざまな理由で待ちに待った改革であったといえます。最初に指摘しておかなくてはならないのは、長年にわたり陪審制の復活を求める声があったということです。日本では、１９２８年から陪審裁判が行われていましたが、戦争の激化などを理由に、１９４３年に停止されました。戦後、いくつかの弁護士会や市民団体は、市民が刑事裁判に参加することの必要性を主張し、その復活を求めてきました。

しかし、裁判員制度は一部の人びとの声によってつくられたものではありません。刑事事件における裁判有罪率の高さが知られるようになったこと、また、主に１９８０年代に、死刑確定囚に対して再審無罪判決が次々と出されたことで、多くの人々が、刑事裁判の公平さに疑問を持つようになったことも大きな要因だといえます。裁判員制度は、多くの人々の疑問に答えるために、手続が公正に行われることを保障するだけでなく、市民が、職業裁判官と同等に、被告人の有罪または無罪の認定と量刑にかかる評決に参加するものとして導入されました。また、市民が国家権力の行使に参与する裁判員制度は、１９９０年代に見られるようになった、国家と市民との関係の変化を象徴するものでもあり、日本における民主主義のあり方を問う、重要な改革だったといえるでしょう。

●払拭された懸念

市民が国家権力の行使に参加する方法としては、選挙が一般的ですが、裁判への参加もまた、民主主義的な政策決定に関して豊かな伝統のある多くの国々では重視されてきました。ただし、日本国内のみならず、そういった伝統を持つ国の中にも、裁判員制度がうまく機能するかに懸念を示していた人びとはいました。「日本の市民は、これまでほとんど接点のなかった刑事裁判の場において、冷静に、適正かつ公正な判断ができるのか」、「文化的な観点から見て、市民の刑事裁判への参加という仕組みを受容するのは難しいのではないか」、「裁判員たちは、エリートである職業裁判官に気圧《けお》されてしまい、市民が独立して裁判に参加する機会にならないのではないか」など、裁判員制度に対しては、制度施行前から、多くの疑問が投げかけられました。

しかし、現在の状況を見る限り、これらの懸念は、決して現実のものにならなかったと言ってよいでしょう。この10年の間に出された各種の報告書によれば、95％以上の人が、裁判員の経験に満足したと回答しており、そして、そのほとんどの人が、評議に積極的かつ権限をもって参加したと述べています。職業裁判官たちも、職業裁判官3名と裁判員6名からなる裁判体の全ての構成員が、評議の場においてひとしく議論と決定に参加できるよう、調整役あるいは進行役として努力を惜しみませんでした。また、それまで専門家のものであった公判は、次第に市民にわかりやすいものとなりました。刑事裁判に参加する法曹三者は、裁判員のために、日常用語で、またパワーポイントを用いて主張を展開するようになりました。裁判体において、裁判員が職業裁判官の倍の人数を占めることで、立法者は裁判員の意見に重みを持たせようとしましたが、そのねらい通り、裁判員が公判の内容を理解できるよう、専門家たちは最大限の努力を払ったのです。さらに、裁判員が参加する公判はほとんどが、短期かつ集中的に開かれました。市民が、裁判員という義務を果たすうえでの負担を軽減するための配慮でした。

●ベルギーの陪審制度との比較

私は、このコラムをベルギーで執筆しています。ベルギーは、１８３０年に建国された、どちらかといえば新しい国です。ベルギーは、覇権を争う周囲の大国の思惑により建国されましたが、この小国の指導者たちは、他の民主主義国家のモデルともなり得る新国家をつくろうという気概を持っていました。彼らは、市民が自律、独立し、責任をもって主体的に国家権力の行使に参加できる仕組みをつくりましたが、その最も重要なもののひとつが、陪審裁判を通じた、市民の刑事裁判手続への関与でした。裁判員制度とは違い、ベルギーの元々の陪審制度では、陪審員が職業裁判官から独立して判断し、しかも、その理由を示す必要はありませんでした。陪審員たちは、法的証拠によるのではなく、自身の感性にしたがって、有罪か無罪かという問いに答えれば良かったのです。法律家ではない市民が刑事裁判に参加する価値は、法的な証拠や規範に基づく評議を行うことではなく、市民らしい感性にしたがって有罪・無罪を判断することであるというのが、立法者の考えるところだったからです。

しかし、近年になって、こうした特徴を持つベルギーの陪審制度は、問題視されるようになりました。2009年にヨーロッパ人権裁判所が出した判決（タクスケ判決）は、被告人が有罪の理由を知ることが難しいベルギーの陪審制度は、人権を侵害するものであると判示しました。ベルギーの陪審制度は、2010年と2016年に改革を施されましたが、その結果成立した新たな制度は、裁判員制度と非常に似た点が見られます。重罪事件で起訴された公判の職業裁判官は、12名の陪審員と、有罪・無罪を評議します。有罪の場合は、陪審員も含めて量刑を決定し、その後職業裁判官が評決を起案して、被告人が、判決の理由を理解することができるようにしました。ただし、この改革により、市民が自身の感性にしたがって裁判に参加するという、陪審裁判の重要な、そして本来の意味が失われてしまうのではないかとの懸念もあります。

裁判員制度と明確に異なるのは、職業裁判官の評議の進め方がそれほど体系的ではない点です。

日本の職業裁判官は、先例との一貫性をある程度担保するために、事件類型ごとの一般的な量刑の幅を示すはずです。一貫性への配慮は、裁判員制度のかなり重要な特徴です。日本の職業裁判官が、上訴の可能性を考慮していることも大いに関係しているでしょう。裁判員裁判による判決が、特別の事情なく先例から逸脱している場合、または手続が上級の裁判所で尊重されない場合、量刑が覆されることが十分考えられます。これも、上訴が認められていないベルギーの陪審制度との違いです。日本の裁判員は、ほとんどの事件で自律性を侵害されてはいないものの、ベルギーの陪審員に比べれば、自由に意見を述べることができる範囲が狭いのではないかというのが、私の抱いている印象です。

最後に指摘したいのは、陪審員（裁判員）に課される守秘義務です。アメリカの陪審裁判と異なり、ベルギーと日本の制度ではともに守秘義務が強調されています。守秘義務を負わされることは、陪審員経験者に大きなストレスになると思われがちですが、それは必ずしも事実とはいえません。ベルギーには、守秘義務に違反した陪審員経験者に罰則を与える規定がありますが、これが適用されたことは一度もありません。守秘義務は、陪審員経験者の氏名や彼女／彼らの個人的な意見を知ろうとするメディアからの過剰な注目や、メディアその他による暴露の圧力から、彼女／彼らを保護する手段のひとつとして機能しています。守秘義務を課せられているからといって、陪審員経験者が、自身の裁判所での経験を語ることが妨げられることはありません。

陪審員経験者が多いフランスでも同じことが言えるのですが、陪審員を務めることで、市民は、司法政策にそれまで以上に関心を持つようになります。多くの陪審員経験者は、司法政策に対する意見を伝えることに積極的になります。彼女／彼らは、司法政策の問題点とその改革案を提案することに非常に熱心です。

同じような現象が裁判員経験者の間でも見られることは、非常に喜ばしいことです。裁判員経験者の団体は、死刑問題など司法に関する重要な論点に関して、法務大臣に対して意見を表明しています。また、裁判員経験者が、市民としての自信を深めたとの報告もあります。

●おわりに

私は、裁判員制度は、重要な社会的意味を持ち、市民が刑事司法の運営に参与する窓を提供していると評価しています。裁判員法1条が定めるように、裁判員制度は、司法に対する国民の理解の増進とその信頼の向上に貢献しているといえるでしょう。しかし、制度実施からの10年を振り返って、市民の負担感をいかに減らすかという点に関しては改善が必要だと感じています。現状では死刑の廃止が難しいのなら、死刑事件は、裁判員が審理に参加する事件からは除外するのが望ましいでしょうし、また、裁判員経験者がストレスに苦しむ場合には、専門的な援助を受けることができるようにすることも必要です。そして、最も重要なのは、評議の場において、市民らしい感性を確実に表明することができるようにし、評議結果にも反映されるようにすることではないでしょうか。これらは、現在行うべき重要な改革であると考えます。

裁判員教育の取り組み

平野　潔
（弘前大学人文社会科学部教授）

●「裁判員教育」とは

「裁判員教育」は、弘前大学教育学部の宮﨑秀一先生、当時人文学部に在籍していた飯考行先生と筆者が、２００９年の裁判員制度施行前後から展開してきたものです。これを定義づけるとすれば、「裁判の原則と手続に基づいて、公正に事実を認識し、不明な点を問い、討議の中で他者の主張を踏まえて自らの意見を述べ、全人格的な判断を行うとともに、市民として裁判と社会に参加する責任感を持たせる、裁判員の職務に関わる資質を育むための教育」ということができます。簡単に言うと、将来裁判員になるかもしれない学生に、裁判員になる「事前準備」をしてもらう教育です。この「裁判員教育」はさまざまな活動を含んでいるのですが、以下ではその一部を紹介することで、みなさんが、裁判員になるための「事前準備」として何が必要かを考える際の参考になればと考えています。

●裁判員制度について知ること

弘前大学は、青森県弘前市にあり、人文社会科学部（２０１５年３月までは人文学部）、教育学部、医学部、理工学部、農学生命科学部の五学部から成る総合大学です。裁判員教育の一環として開講した「市民生活と地域社会（Ⅰ）」は、全ての学部学生の、主として一年生を対象とする教養科目（当時は、21世紀教養科目と称されていました）です。この授業では、裁判員制度に関する基礎知識だけなく、哲学や犯罪心理学に関するレクチャーがあったり、検察官、弁護士が裁判員裁判にどのように取り組んでいるかをレクチャーしてもらったり、さらには刑務所や保護観察所、被害者支援センターなどの職員の方に来ていただいて、さまざまな立場からお話をいただいたりしました。そのうえで、学生には、グループごとに裁判員裁判のシナリオを作成してもらいました。最後にそれを上演するということも行っています。この授業のねらいのひとつは、裁判員制度に関する理解を深めることにあります。また、裁判員になった際に発揮されるコミュニケーション能力を、グループワークで身につけることもねらいに含まれます。しかし、ねらいはそれだけではありません。裁判員制度の隣接部分にあたる哲学や心理学の学問的知識、矯正や更生に関する基本的な事項を理解してもらい、その知識等に基づいてシナリオづくりをすることで、刑事裁判において考えるべきことを学んでもらうところにも、この授業のねらいはあるのです。

●裁判員制度が関係する「現場」を見ること

課外活動として行ったものとして、裁判員裁判傍聴と施設見学があります。これは正規の授業外の企画なので、希望者を募るかたちで行いました。裁判員裁判傍聴は、事前に刑事裁判の流れや基本原則、傍聴する事件の概要・争点などについてレクチャーし、裁判の休憩時間中にも質問に応じるなどしながら実施しています。審理を最初から最後まで傍聴した学生が複数いる場合には、その裁判に関する模擬評議も行っていました。もうひとつ力を入れて実施してきたのは、施設見学です。地方裁判所へ赴《おもむ》いて裁判官に裁判員裁判に関するレクチャーを受け、裁判員裁判用の法廷を見学し、地方検察庁で検察官からお話をうかがいました。「ａｆｔｅｒ裁判員裁判」を考えて、刑務所や少年院、保護観察所や更正保護施設なども訪問し、刑務所での生活や刑務所出所後の保護観察についてお話をうかがい、刑務所や更正保護施設の中を見学させていただいたりもしてきました。

これらの課外活動は、まさに「現場」を見てもらうことに主眼があります。実際に、自分が裁判員になったらどんなところで裁判をするのか、どんな人たちと関わるのかを知ってもらうことが重要です。と同時に、自分が裁判員として裁くことになる被告人が、その後どのようにして社会に戻ってくるのかを知っておいてもらいたいということもあります。さらには、実際の法廷で被告人を見てもらい、それがどんな人なのか、生い立ちはどうなのか、犯罪をするにいたった経緯はどうなのかなどを考えてほしいという思いもありました。一般的に、被告人というと、犯罪をした凶悪な人、自分とは違う人……というふうに悪い方向にレッテルを貼ってしまう傾向にありますが、本当にそうなのかを考えてほしいと思って、裁判傍聴などを行っています。

●裁判員経験者の経験を共有すること

最後にもうひとつ行ってきた活動が、裁判員経験者へのインタビューです。これも、裁判員裁判傍聴や施設見学同様、課外での活動になりますので、学生の中から希望者を募って実施する形態をとってきました。インタビューは、主として青森県内の裁判員経験者を対象に行っています。具体的なインタビューの手順は以下の通りです。①学生同士で話し合いをし、あらかじめ全ての裁判員経験者にうかがう、基本となる質問項目を決めておきます。②実際にインタビューが決まったところで、新聞記事などを参考にしながらその事件に関する質問項目を、基本となる質問項目に追加します。③質問項目が決まったところで裁判員経験者に郵送するなどして、事前に目を通していただきます。④インタビュー当日は、基本的には学生が中心となってインタビューを行います。⑤終了後、学生がそのインタビューの内容をまとめて報告書を作成します。

元々弘前大学では、1年に少なくとも1回は裁判員制度に関するシンポジウムを開催し、裁判員経験者の方にも登壇してもらっていたのですが、その時間だけでは裁判員経験者の経験を聞き足りない部分がありました。また、裁判員経験者の方からは「学生さんとゆっくり話してみたい」という声もありました。これらを踏まえて、このインタビューが実現しています。このようなインタビユーを実施することの意義ですが、やはり一番大きいのは、裁判員の経験を社会で共有することにあります。例えば、裁判員経験者の「どんな服を着ていくか迷った」という話とその対処方法を学生が聞いておけば、実際に裁判員に選ばれた時に、同じ悩みを持つ必要がなくなります。また、法廷や評議室の雰囲気を事前に聞いておけば心構えを持って裁判所に行くことができます。

●「事前準備」の意味

裁判員制度が施行されたことで、どの学生も、将来裁判員に就任する可能性が生じました。制度自体に賛否があることは十分承知していますし、問題があることも十分にわかっています。しかし、将来学生が裁判員になったときに不安いっぱいで法廷に立つというのも避けたいと思いました。そこで、大学の授業の中に裁判員制度のことを取り込めば、少しでも不安を取り除けたかたちで、学生が裁判員の職務に取り組むことができるのではないかと考えて「裁判員教育」をスタートさせました。この試みがうまく行っているのか否かは、この後卒業した学生が裁判員を経験した際にその答えがわかるのではないかと思います。裁判所は、裁判員制度の説明の中で、「事前に法律知識を得ていただく必要ありません」と言っていますが、裁判員制度の基礎知識に限らず、その周辺知識に関しても、裁判員経験者の経験に関しても、知っていれば不安なく裁判員の職務に就けるのではないでしょうか。その意味で、「事前準備」は必要です。その「事前準備」を大学教育の中でどのように実践していくかについては、これからも試行錯誤を続けていきたいと思います。

裁判員制度施行後の判例の動向について
――「疑わしきは被告の利益」より徹底

竹田昌弘（共同通信社）

２００９年5月から裁判員裁判の対象となった事件の判決は、裁判官裁判の時代とどう変わったのでしょうか。有罪か有罪でないかの認定と、有罪と認めた場合の刑の決定（量刑）に分けて順に見ていきます。なおこの原稿では、新聞用語（「被告」や「手続き」など）を使い、データは最高裁の集計です。

まず有罪率です（次頁の表参照）。裁判官裁判の２００６年から２００８年、殺人や強盗致傷など現在は裁判員裁判の対象となっている事件の有罪率は99・4％でした。これに対し、２００９年から２０１８年の裁判員裁判の有罪率は99・1％となっています。被告が起訴内容を争う事件（否認事件）の裁判員裁判が本格化した２０１１年以降、有罪率は２０１５年まで99・1％から99・4％、２０１６年98・9％、２０１７年97・9％、２０１８年は98・1％でした。起訴内容を認めた事件（自白事件）を除き、否認事件だけだと、２０１６年が97・8％、２０１７年は96・1％です。

司法には、権力による人権侵害をチェックし、救済する役割があり、刑事裁判では「疑わしきは

○裁判員裁判有罪率の推移（最高裁調べ）

年	有罪	無罪	有罪率
2009	142	0	100.0%
2010	1504	2	99.9%
2011	1514	10	99.3%
2012	1488	9	99.4%
2013	1374	12	99.1%
2014	1195	7	99.4%
2015	1171	8	99.3%
2016	1090	12	98.9%
2017	944	20	97.9%
2018	1007	19	98.1%
計	11429	99	99.1%
裁判官裁判の裁判員対象事件（2006～08）	7243	44	99.4%

被告の利益に」（合理的な疑いが残り、有罪と確信できないときは無罪）という鉄則が徹底されなければなりません。裁判員裁判の有罪率が裁判官裁判より低く推移しているのは、事件慣れしておらず、予断や偏見を持たない裁判員が加わったことで、鉄則がより徹底されているのではないでしょうか。

鉄則の徹底を感じさせた無罪判決として①覚せい剤密輸の千葉地裁判決（２０１０年６月22日、１９６頁以下参照）、②夫婦が殺された強盗殺人の鹿児島地裁判決（同年12月10日）、③組織犯罪処罰法違反（組織的殺人）の神戸地裁判決（２０１２年２月10日）、④内妻絞殺の京都地裁判決（２０１５年２月20日）、⑤生後３か月女児傷害致死の東京地裁判決（２０１７年２月13日）、⑥同居男性刺殺の札幌地裁判決（２０１８年６月19日）を紹介します。

①で検察側は覚せい剤が入っていたチョコレート缶の不自然な重さや報酬の約束、税関での狼狽《ろうばい》などの状況証拠（犯罪の事実を間接的にうかがわせる証拠）から、被告は缶内に覚せい剤が隠されていることを知っていたと主張しました。しかし地裁は他の缶と重さを比較する機会がなかったことや同時に持ち込んだ偽造旅券の報酬だった可能性があること、動揺の現れ方は人によって異なることなどを指摘し「（知っていたと）常識に照らして間違いないとまでは認められない」と判断しました。狼狽《ろうばい》に対する指摘は予断、偏見のなさを示しています。

②も検察側は状況証拠を積み重ねて有罪立証を試み、死刑を求刑しましたが、地裁は被告の指掌紋やＤＮＡ型が現場から採取されたのに、１００回以上振り回した凶器のスコップから被告の痕跡が全く出ない矛盾を突きました。状況証拠による有罪立証では「被告が犯人でないとしたならば合理的に説明することができない（少なくとも説明が極めて困難な）事実関係が含まれていることを要する」とした最高裁判決（２０１０年4月27日）を引用し、こうした事実関係は含まれていないと結論づけました。

③の被告は指定暴力団山口組2次団体（当時）の山健組幹部（兼國会会長）で、配下の組員らに同じ山健組系の組長殺害を指示したとして起訴されました。地裁は検察側が指示の証拠とする関係者の供述は変遷していて信用できないとし「暴力団組織では、上位者の指示なく、組長を殺害することは許されない」との主張も「一般論」として一蹴しました。暴力団に対する予断、偏見を感じ

させない判決でした。
④は再現実験から内妻が自殺した疑いが浮かび、⑤は女児の首が圧迫されたかどうかの鑑定結果が分かれて衰弱死などの可能性が排除できず、ともに有罪とは確信できないと判断しました。⑥は覚せい剤使用による幻覚と飲酒などで判断能力が低下していたとの精神鑑定結果を尊重し「責任能力があったと認定するには、合理的な疑いが残る」としました。
このほか介護施設の放火殺人事件で、広島地裁は捜査段階で自白した被告の取り調べ映像を検察側、弁護側それぞれに編集させ、法廷で再生しました。２０１４年7月16日の判決では、映像などから自白は信用できないとして、殺人や放火は無罪でした。弁護側による編集を認めなかった栃木女児殺害事件（今市事件、２０２頁以下参照）の宇都宮地裁と対照的です。自白事件では「被告の能力、性格に照らして（自白調書のように）論理的思考ができたとは考えられない」として殺意を認めた捜査段階の自白を否定し、起訴罪名の殺人ではなく傷害致死を適用した判決（２０１０年5月28日、水戸地裁）もあります。

紹介した判決のうち、①から③は検察側が控訴しました（②は被告が亡くなり、裁判は打ち切り）。①の被告は、東京高裁の裁判官3人による審理で無罪判決を破棄され、有罪とされたものの、最高裁の判決（２０１２年2月13日）で高裁判決が破棄され、裁判員裁判の無罪が確定しました。その際、最高裁は「事後審の控訴審が一審の事実誤認をいうには、一審判決の認定が論理則、経験則等に照らして不合理であることを具体的に示す必要がある」という判断の枠組みを示しました。高裁の裁判官に対し、裁判員裁判の結論を尊重してほしいとのメッセージを込めたとみられます。

ところが、2014年1月16日の③の判決で大阪高裁は「複数の組員らが暴力団の指揮命令系統に従って組織的に犯行を準備、実行した場合、会長や組長は共謀に加わり、その指揮命令にもとづいて行われたと推認される」と認定しました。裁判員裁判で「一般論」として退けた論理を「具体的な経験則」と位置付けました。事件慣れした裁判官の面目躍如《めんもくやくじょ》でしょうか。この控訴審判決は最高裁も支持し、被告は懲役20年が確定しています。

裁判員裁判の無罪判決を破棄した高裁判決は2018年までに10件（有罪自判6、事件を地裁に差し戻し4）で、裁判員裁判尊重のメッセージを込めたとみられる最高裁判決翌年の2013年以降も6件（自判3、差し戻し3）あります。取材した裁判員経験者は「判断を尊重しないのなら裁判員裁判はやめた方がいい。高裁が破棄と報道されればされるほど、裁判員のなり手は減るだろう」と話しています。米国などのように一審の無罪に対し、検察側は原則として控訴できない制度にすれば、裁判員裁判の無罪判決が尊重されない問題は解消します。逆に高裁が裁判員裁判の有罪判決を破棄し、無罪を言い渡した判決が2018年までに、17件もあります。しかもうち15件は2015年以降で、地裁で裁判員裁判の裁判長を務め、地・家裁の所長などを経て高裁の裁判長となった判事が多くかかわっています。

次に量刑です。最高裁が8つの罪について裁判員裁判（2009年5月から2014年5月）と裁判官裁判（2008年4月から2014年5月）で宣告された刑の分布を比較したところ、裁判

○強姦致傷罪量刑分布の比較（最高裁調べ）

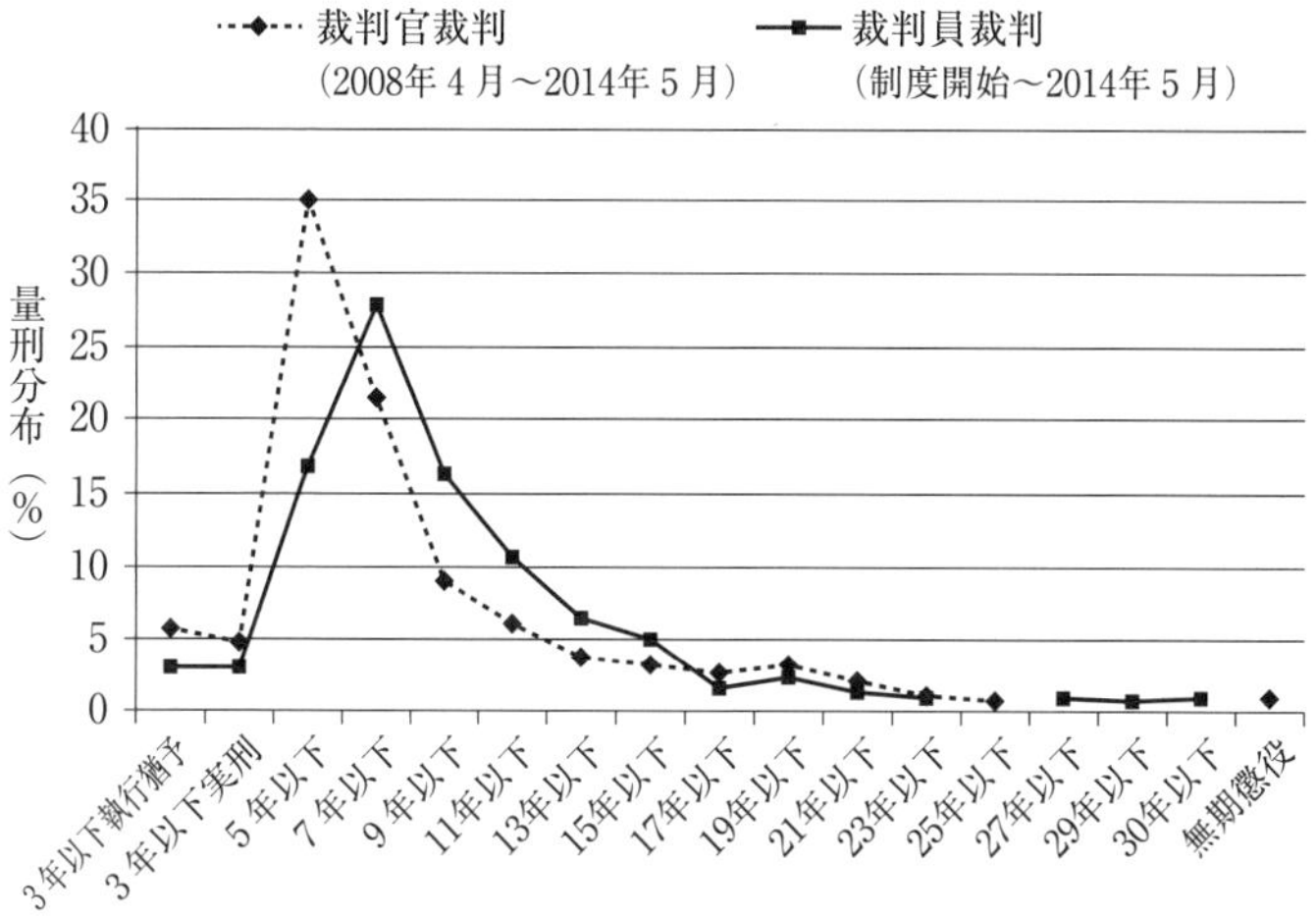

員裁判の強姦致傷（現強制性交等致傷、次頁のグラフ参照）、強盗致傷、傷害致死の最も多い刑はいずれも懲役5年超7年以下で、裁判官裁判より厳罰化しています。強制わいせつ致傷と殺人未遂は執行猶予付きの懲役3年以下が最多なのは同じですが、次に多い刑が裁判員裁判で重くなっています。殺人既遂や現住建造物等放火などは大きな変化がありません。

ただ強姦致傷、強制わいせつ致傷、覚せい剤取締法違反以外は、裁判員裁判の方が多く執行猶予を付けています。殺人既遂の執行猶予（例えば、介護に行き詰まった家族殺しを情状酌量したケースなど）は裁判員裁判8・6％、裁判官裁判4・7％です。厳罰とメリハリが利いているようにも見えますが、裁判員裁判では、保護司の指導監督下に置く保護観察を同時に付けるケースが非常に多く、いわば「厳しい執行猶予」となっています。

また検察側の求刑を上回る裁判員裁判の判決は２００９年０件、２０１０年５件でしたが、２０１１年は10件、２０１２年19件、２０１３年14件と相次ぎました（次頁のグラフ参照）。象徴的だったのは、大阪府寝屋川市の自宅で１歳８か月の三女を虐待死させたとして傷害致死罪に問われた両親に対し、求刑の１・５倍に当たる懲役15年を言い渡した２０１２年３月21日の大阪地裁判決です。大阪高裁も支持しました。

しかし最高裁は一、二審判決を破棄し「これまでの傾向を変容させる量刑を行うには、従来の傾向を前提とすべきでない事情を具体的、説得的に判示すべきだ」という判断基準を示しました。確定刑は父親懲役10年、母親懲役８年でした（２０１４年７月24日の判決）。この判決を境に、求刑を上回る判決は２０１４年２件、２０１５年０件、２０１６年４件、２０１７年３件に減りました。

一方、２０１１年から２０１３年には、裁判官裁判では慎重だった殺人被害者１人の死刑判決が３人に言い渡されました。これらも裁判員裁判の厳罰化を象徴する判決でした。

３人のうち１人は控訴を取り下げ、東京・南青山の強盗殺人と松戸の千葉大生殺害の２人は東京高裁判決（２０１３年６月20日と10月８日）で無期懲役に減刑されました。東京高裁は「無期懲役か死刑かは、質的に異なる選択であり、先例の集積からうかがわれる傾向は参考とされるべきだ」とし、最高裁は「一審は死刑の選択もやむを得ないと認めた判断の具体的、説得的な根拠を示したものとはいえない」として、無期懲役を支持しました。（どちらも２０１５年２月３日付の決定）。

その後、殺人被害者１人の事件で４人が死刑を求刑され、女児誘拐殺人の１人が裁判員裁判では

◯求刑超え判決（最高裁調べ）

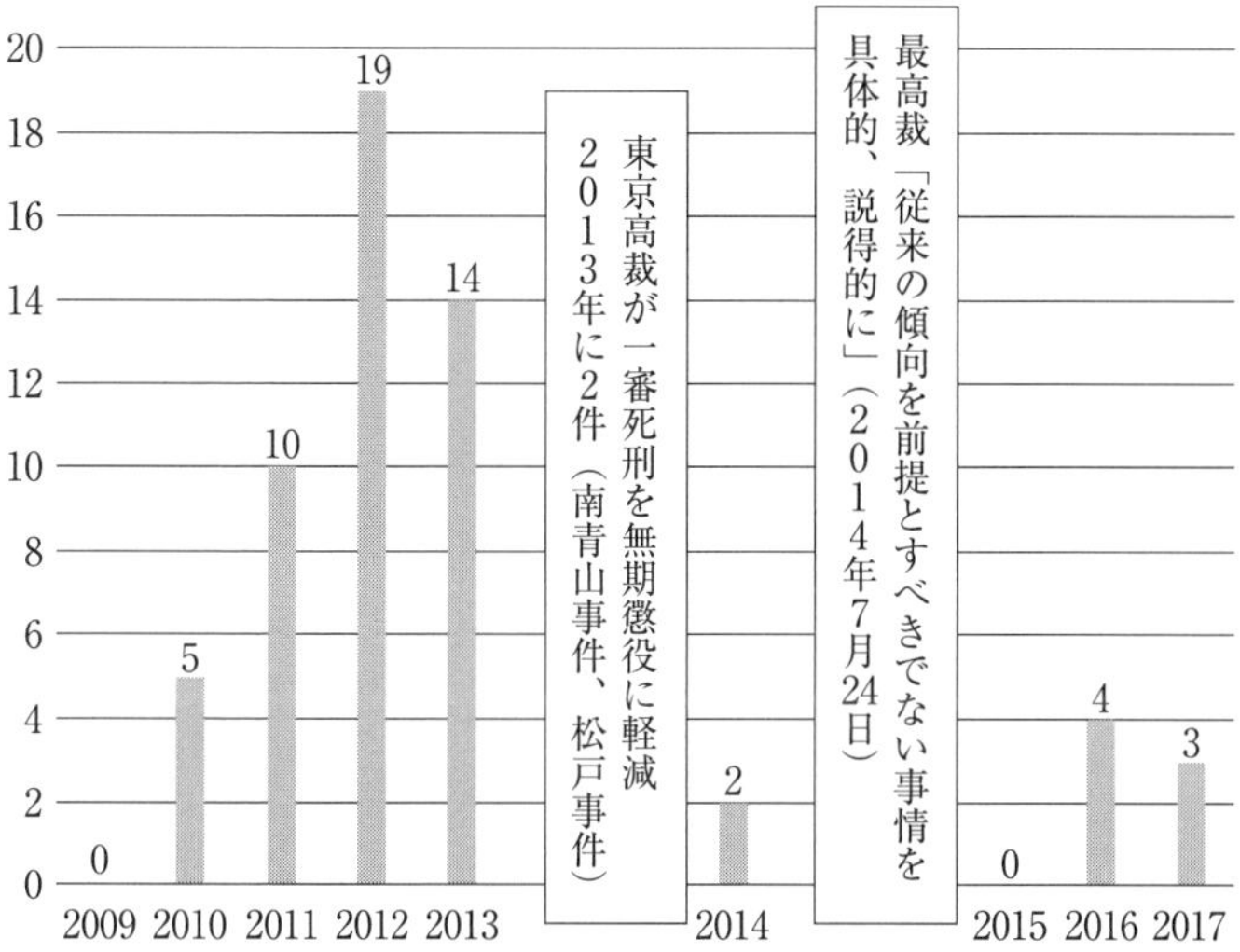

死刑、高裁で無期懲役、他の３人は裁判員裁判で無期懲役となっています。

　ところで裁判員裁判の平均評議時間は、２００９年が６時間37分、２０１０年８時間24分、２０１１年９時間24分、２０１２年10時間20分、２０１３年10時間30分、２０１４年11時間15分、２０１５年12時間、２０１６年12時間12分、２０１７年12時間40分、２０１８年は当初の倍近い12時間58分と年々長くなっています。裁判官が従来の傾向を前提とした刑にまとめるため、時間をかけて裁判員を説得しているのだとすれば、裁判員は量刑にかかわるのをやめた方がいいでしょう。

裁判員裁判における主な判例

チョコレート缶事件

浦﨑寛泰（弁護士）

●裁判員裁判で初の全面無罪判決

「主文　被告人は無罪」

裁判長によって主文が読み上げられた瞬間、千葉地方裁判所の傍聴席は騒然としました。それと対照的に、6人の裁判員は、表情を変えずにじっと被告人の顔を見つめていました。

平成22年（2010年）6月22日、裁判員裁判で初めて被告人に全面無罪判決が言い渡されました。私は、この歴史的な判決を弁護人席で聴きながら、日本の刑事裁判が大きく変わりつつあるのだという時代のうねりを肌で感じました。

●どんな事件だったか

被告人は、事件当時50歳代の日本人男性です。マレーシアからチョコレート缶3缶に覚せい剤合計約1キログラムを隠し入れ日本に密輸入しようとしたとして、成田国際空港の税関検査で摘発され、覚せい剤取締法違反、関税法違反で起訴されました。被告人は、逮捕時から一貫して、チョコレート缶の中に覚せい剤が入っていることは知らなかったと訴えてきました。

被告人は、日本国内で中古自動車販売の会社を経営していました。ところが、資金繰りが悪化して多額の負債を抱えていました。そこへ、中古車販売業の同業者であるイラン人男性Dから、偽造旅券の密輸の依頼を受けるようになりました。実際に、何回か偽造旅券の密輸を実行し、数十万円の報酬を受け取っていました。

あるとき、Dから「今度はマレーシアに行ってもらう」と言われて、報酬30万円という約束で偽造旅券の密輸の仕事を引き受けました。依頼されたとおり、マレーシアに行き、ホテルの駐車場で、指定された人物から、ビニール袋を受け取りました。その袋の中には、偽造旅券の束が入っていました。一緒にチョコレート缶3缶も入っていました。その人物は「プレゼントだ」と言いました。被告人は、特段不自然に思わず、そのままホテルの部屋に戻り、自分のバッグにチョコレート缶を入れ、そのまま日本に帰国しました。ところが、成田国際空港の税関検査でチョコレート缶を開けたところ、覚せい剤が発見され、逮捕されてしまいました。

●裁判員裁判の顛末《てんまつ》

千葉地方裁判所で開かれた裁判員裁判の公判で、検察官は、被告人の有罪を裏付ける事実として、

①自分の手荷物としてチョコレート缶を持ち込んでいること、②チョコレート缶が不自然に重いこと（3缶合計約3キログラム）、③申告書に当初「預かり物はない」と書くなど、税関検査時の言動が不自然であることなどを主張しました。

これに対して、弁護人は、①チョコレート缶の外観等に不自然な状況はなく、手荷物だからといって中身も当然知っていたはずだとはいえないこと、②1缶あたりの重さは、正規のチョコレート缶（約700グラム）と本件チョコレート缶（約1キログラム）で、手にとってわかるほどの差はなく、両方を持ち比べる機会もなかったこと、③「預かり物はない」と申告したのは偽造旅券の発覚を回避するためで、不自然ではないことなどを主張しました。

裁判官と裁判員が評議をした結果、概《おおむ》ね弁護人の主張を認め、「本件チョコレート缶内に違法薬物が隠されていることを知っていたことが、常識に照らして間違いないとまでは認められない」として、被告人に無罪を言い渡しました（千葉地裁平成22年6月22日判決）。

ところが、この無罪判決に対しては、検察官が控訴をしました。裁判員裁判の判決に対する日本で初めての検察官控訴でした。

●逆転有罪、そして、再逆転無罪へ

東京高等裁判所の3人の裁判官は、検察官も請求していない被告人の捜査段階の供述調書4点を職権で採用しました。そして、これらの供述調書において被告人の供述が二転三転しているなどとして、「被告人の弁解は信用できない」と結論づけ、第一審の無罪判決を破棄し、被告人に対する有罪判決を言い渡しました（東京高裁平成23年3月30日判決）。

東京高裁の有罪判決は、一審が裁判員裁判であることを意識した形跡は全くなく、被告人の弁解を積極的に裏付ける事実（被告人に有利な事実）についても一言もふれることなく「被告人の弁解は虚偽である」と一刀両断しました。弁護人は、即日、最高裁判所に上告をしました。

弁護人は、弁論（最高裁の法廷で意見を述べる手続）の冒頭で、次のように述べました。

かつて、刑訴法学者の平野龍一教授が、「わが国の刑事裁判はかなり絶望的である」と述べました。その後、時代は変わり、裁判員裁判が始まりました。一審の審理は、従来の調書に依存する審理ではなく、「見て聴いてわかる」裁判になりました。日本の刑事裁判は大きく変わったのです。しかし、変わらなかったものがあります。それは高等裁判所の裁判官です。本件の控訴審判決を見てください。かつて絶望的と言われた刑事裁判の姿が、相も変わらず、我々の前に立ちふさがっているのです。今こそ、『絶望的』と言われた古い時代の刑事裁判とは完全に決別しなければなりません。

平成24年（2012年）2月13日、最高裁第一小法廷において、「主文　原判決を破棄する。本件控訴を棄却する」との判決、すなわち、第一審裁判員裁判の無罪判決を支持する判決が言い渡されました。

最高裁判決は、「控訴審が第一審判決に事実誤認があるというためには、第一審判決の事実認定が論理則、経験則等に照らして不合理であることを具体的に示すことが必要である」、「このことは、裁判員制度の導入を契機として、第一審において直接主義・口頭主義が徹底された状況においては、より強く妥当する」と述べたうえで、控訴審判決は、第一審判決の無罪の事実認定が不合理だという具体的な理由を十分に示していないと結論づけました。

●チョコレート缶事件が問いかけたもの

覚せい剤の密輸事件は、特に千葉のような国際空港の所在地では、日々相当数が刑事裁判の場で審理されています。違法薬物が荷物に入っていることを知っていたかどうかが争いになるケースも少なくありません。似たような事件が多くなり、「こういう事実があれば有罪だろう」という事実認定の類型化が進み、ある種の「実務感覚」や「相場」が形成されがちです。そして、絶対数としては無罪判決よりも有罪判決の方が圧倒的に多いことから、職業裁判官として経験を蓄積させるうちに、有罪方向へのパターン化された思考として定着し、「疑わしきは被告人の利益に」という刑事裁判の大原則を忘れさせる危険があります。

それに対し、裁判員は、通常、そのような「実務感覚」や「相場」を知りません。純粋に個別事案として証拠と向き合い、被告人の有罪が常識に照らして間違いないといえるかどうかを判断します。

本件の第一審は、まさに、裁判員の視点や感覚が活かされ、検察官の有罪立証について合理的疑いが見出されたものでした。

ところが、控訴審判決は、被告人に有利な事実をことごとく無視したうえ、被告人の供述の変遷といった要素を形式的に評価して、パターン化された事実認定の類型にあてはめて被告人の供述の信用性を否定し、有罪を認定してしまいました。

チョコレート缶事件は、覚せい剤密輸事件という、職業裁判官と非法律家である裁判員の判断の特徴が表れやすい事件であり、実際に、そのような判断の違いが如実に表れた事件といえると思います。

再逆転無罪とした平成24年（２０１２年）２月13日の最高裁判決は、従来の有罪ありき・供述調書偏重の刑事裁判からの決別を宣言したものとして、極めて重要な意義があると考えます。

今市事件

平山真理（白鴎大学法学部教授）

●はじめに

2005年12月に発生した今市事件は、8年以上もの間、被疑者が誰も逮捕されなかったことから、社会的耳目を大いに集めた事件でありました。また、裁判においては被疑者段階の取調べ映像が法廷で長時間再生されたことに大きな関心が向けられました。被告人は第一審で有罪とされ、無期懲役判決が言い渡されました（宇都宮地判平28年4月8日）。被告人は控訴し、二審の東京高等裁判所は一審を破棄したうえで、被告人をやはり有罪とし、無期懲役を言い渡しました（東京高判平成30年8月3日）。筆者は、第一審の公判計16回中8回を、また控訴審の公判計9回中7回を傍聴しました。本稿執筆時点（2018年10月）において被告人は最高裁に上告中です。本稿では第一審の裁判員裁判に焦点を当て、検討することとします。

●今市事件とは？

２００５年12月１日、栃木県旧今市市（現日光市）で当時小学１年生の女児が帰宅途中に行方不明となり、翌２日、隣県の茨城県常陸大宮市の林道で被害者（以下、Ｖとする）の遺体が発見されました。事件発生から８年以上経った２０１４年１月29日に、Ｘ（公判時33歳男性）が商標法違反（偽ブランド品譲渡目的所持）で現行犯逮捕されました。別件逮捕であることは明らかであったといえるでしょう。商標法違反被疑事件についての勾留期限が間近に迫った２０１４年２月18日午前中の取調べで、宇都宮地検の検察官Ａは、Ｘに対し、「君、人を殺したことあるよね？」と質問すると、Ｘは急にがたがたと震え始め、「どうしてわかったんですか」と答えたといいます。しかし、肝心のこの午前中の取調べは録画されていません。検察は慌てて同日午後から取調べを録音録画しますが、Ｘは「午前中の自白については記憶にない」等と述べ、２月18日午前の「最初の自白」以降しばらくは、はっきりとしない供述を続けるようになります。

●今市事件裁判員裁判における重要な論点──取調べの録音録画映像の影響が大きかった？

Ｘは２０１４年６月24日に殺人事件で起訴されました。裁判員選任手続は２０１６年２月10日に行われ、報道によると（読売新聞２０１６年２月11日記事33面）、地裁は候補者として３５０人を選び、そのうち辞退事由が認められた人を除く２３０人に呼び出し状を送り、そこからさらに１４２

人が辞退を認められ、最終的に呼び出し状を送った候補者88名のうち、選任手続出席者は40人であったといいます。最初の候補者数で割ると出席率は11・4%であり、2015年度の全国平均の出席率（24・5%）と比べても低いことがわかります。こうして裁判員6人と補充裁判員4人が選任されました。傍聴時の筆者の観察によれば、裁判員は男女3人ずつ、補充裁判員は全員男性という構成でした。

こうして2016年2月29日、第1回公判が始まりました。宇都宮地裁の周りには一般傍聴席42席に対し、傍聴整理券を求めて913名（判決公判の日には1317名）が並びました。

ところで、この裁判の大きな特徴としては、Xの被疑者段階の取調べ映像が7時間13分にわたり法廷で再生されたことが挙げられます。警察、検察による取調べの録画映像は合計80数時間あり（録音録画されなかった取調べもあるので、実際の取調べの合計時間はこれよりはるかに多い）、このうち被告人側、検察側が裁判所に「見せたい」部分をまとめた映像が公判で再生されたのです。

この裁判ではXの自白以外には、有力な証拠はありませんでした。情況証拠（間接証拠ともいう）として、事件当日のXの車両の通行記録（いわゆるNシステムによる記録）、Vの遺体に付着していた猫の毛とXの飼い猫のミトコンドリアDNAが一致する、Vの遺体にスタンガンによるものと思われる傷があり、それと同じ型だと思われるスタンガンの空き箱がX宅から見つかった、Xは留置場から母親宛てに「謝罪の手紙」を書いている（「あんなことをして本当にごめんなさい」と書かれているが殺害についてのことだとは明言されていない）等がありました。これらの証拠はどれも推認力は限定的で、いくら積み上げても「合理的な疑いを挟まない程度に確からしい」のハードルを超えるのは困難です。一審の宇都宮地裁もこれらの証拠から認められる客観的事実をそれぞれ具体的に見ても、「被告人が犯人でないとしたならば合理的に説明することが出来ない事実関係が含まれているとまではいえ」ないとしています。

一方、Xの自白は有罪を判断するうえで重視されました。Xは検察官Aにその後も厳しい調子で取調べられ（Aは威圧的な態度で、Xをファーストネームで呼び捨てにしていました）、２０１４年2月25日の取調べでは、業《ごう》を煮やしたAから「被害者遺族や色んな人に恨まれ続けて生きて行けよ」と言われた後、Xが「もう無理!!」と何度も叫び、取調室の窓から飛び降りようとまでする様子が再生されました（第8回公判、２０１６年3月10日）。このような取調べによって得られた自白が証拠として認められてしまったのでしょうか。いいえ、そうではありません。実はAによる最後の取調べから50日間空けて、別の検察官Bによる取調べが始まったのです。BはAに比べ、物腰も柔らかで、Xを「くん」付けで呼び、「大事なのは人の道だ。（中略）『人の道』って言ってくんない」などと語りかけます。Bに「（中略）心の底から人としての道を示してよ。Vちゃんを殺したのは君だね」と言われると、Xは「うん」と答え、その後、Xは泣きながらも、ジェスチャーを交えてVを指した様子を供述した様子の映像が公判で再生されたといいます。弁護人は検察官Aや警察官による厳しい取調べの影響を受けてXが迎合的になってしまったと主張しましたが、裁判所は日数が十分に空いていることからも影響は十分に遮断されているとして、自白には任意性があると判断しました（自白の任意性の判断は裁判官のみにより行われます。裁判員法6条2項2号）。この検察官Bが作成した供述調書5通が証拠採用されたのです。

ところで、この裁判では判決公判が予定されていた3月31日から直前になって4月8日に延期されました。裁判員裁判では非常に珍しいことです。どのように意見が分かれたのかは、守秘義務があるため、一切わかりません。長期審理で難しい判断であったと思いますが、裁判員の方々は真摯《しんし》に審理に臨んでおられました。判断においては悩みも大きかったかもしれません。何に悩み、どのような議論があったのか、その声を社会に反映させる機会がある方が、裁判員制度の充実や発展のためには望ましいのではないでしょうか。

判決後の裁判員による記者会見では「表情やしぐさがよく分かり、判断材料の大きな部分を占めた」とか「決定的な証拠がなかったが、録音・録画で判断が決まった」等、映像の影響の大きさを示すコメントが見られました。この裁判では録音録画映像はあくまでも供述調書の補助証拠（自白の任意性や信用性を判断するための参考）という位置づけでしたが、実際には実質証拠（犯罪事実そのものを判断する証拠）として機能してしまったことが、これらのコメントや判決文からはうかがえたのです。

●まとめに代えて

今市事件裁判員裁判は取調べの録音録画映像が判断者に与える影響の大きさを示した裁判であっ

たといえます。取調官の作成する自白調書に比べ、取調べの録音録画映像の方がはるかに客観性が高いという意見もあるでしょう。しかし映像自身は客観的でも、そこには見る人の主観が必ず入ります。また、今市事件でもXに対する取調べが全て録画されていたわけではありません。一部抜けているところがあるのに、録画されている部分だけで判断することもまた危険です。判決後の記者会見で「（中略）やるからには全部（録画）した方がいい」と注文を付けた裁判員経験者もいました。

今市事件の控訴審は東京高裁で２０１７年10月より開始されました。Xが控訴したことについて、裁判員だった男性は「残念と言えば残念」とコメントしたといいます（下野新聞２０１６年４月20日）。自白を重視した一審と比べ、二審ではむしろ自白をそれほど重視せず、情況証拠を総合評価し、なかでもとくにXが書いた「謝罪の手紙」を重視し、改めてXを有罪とし、無期懲役を言い渡しました。一審と二審で有罪の根拠とする証拠への重きの置き方をここまで変えるのであれば、一審判決を破棄したうえで、差し戻しし、もう一度裁判員裁判で審理すべきだったのではないでしょうか。

今市事件裁判員裁判にはここで論じた以外にも重要な論点が多くありました。関心のある読者は筆者の書いた「今市事件裁判員制度は試金石となり得たか」（「法学セミナー」Ｎｏ・７３９［２０１６年８月号］日本評論社）もご一読ください。

東名あおり事故公判から
法解釈も争点に
裁判員になる前から意識を

神奈川県大井町の東名高速で２０１７年６月、一家４人が乗るワゴン車が「あおり運転」で停車させられ、大型トラックによる追突で夫婦が死亡した事故。横浜地裁は18年12月、被告の男に懲役18年を言い渡しました。公判では事実関係に争いはなく、争点になったのは、自動車運転死傷処罰法違反（危険運転致死傷）の罪が成立するかどうか。裁判員は、難しい判断を迫られました。

この事件は、被告が一家のワゴン車にあおり運転をしたうえで、車を高速道路上に停車。一家の車に歩いて近づき、男性に暴行を加えるなどしたものです。その後、後続のトラックがワゴン車に追突し、男性と男性の妻が亡くなりました。

主に争点となったのは、停車行為が危険運転にあたるかどうかでした。自動車運転死傷処罰法は危険運転を「通行中の車に著しく接近し、かつ、重大な危険を生じさせる速度で車を運転する行為」と規定しています。検察側は「高速道路での停車は危険運転にあたる」と主張しましたが、弁護側は「停車後の事故には適用できない」と反論する展開になりました。

法解釈をどう考えるか。裁判員は難題を突きつけられました。犯人性を争うなど、事実関係が争点になる裁判では、公判で出てきた証拠などから判断できるでしょう。一方で、法解釈の場合、法律の専門家でない市民が、どこまで法律にあてはまるかを判断することは簡単ではありません。

事実関係に争いがないからといって、法律を拡大して良い理由にはなりません。一度拡大してしまうと、本来罪でないものですら罪に問えてしまいかねないからです。裁判員は処罰感情と法解釈のはざまで、思い悩んだことでしょう。

最終的に判決は、停車行為について「(法律の)文言上、運転に含まれると読むのも無理がある」と結論づけました。一方で、被告の妨害運転と暴行、死傷結果が「密接に関連する」として、危険運転致死傷罪にあたると判断しました。

法律の制定時の想定から外れた事件は、今後も起こり得ます。そのため、法解釈が争点になる事件は珍しくはないでしょう。この裁判は、裁判員が法解釈という難しい判断を迫られるかもしれないことを意識する必要があることを問いかけたのではないでしょうか。

被告の弁護側は判決から1週間後、判決を不服として控訴しました。今後は、法律の専門家の判断に委ねられることになります。

飯塚直人（朝日新聞社）

結びにかえて

裁判員に関する重要な2つの課題とその解決案

本書の最後に、裁判員に関する重要な2つの課題を検討します。ひとつは、評議の守秘義務の重大な弊害と改正案です。もうひとつは、死刑を裁判員が判断することで良いのか、単純多数決で死刑判決を下して良いのかの課題と解決案です。死刑は単純多数決で宣告でき、しかも、反対意見があったことも評議の守秘義務で言えない現状の課題も検討します。この点は裁判員経験者ネットワークの主要メンバー編著の『裁判員裁判のいま』（成文堂、2017年）に述べてあります。詳しくは同書をご参照ください。

●評議の守秘義務の弊害と改正案

1　評議の守秘義務の弊害

(1) 裁判員視点の弊害

評議の内容は一切話せないブラックボックスになっていることが、裁判員経験者に心理的負担を与えています（以下、「裁判員視点の弊害」といいます）。NHKの平成22年（2010年）の裁判員経験者330人に対するアンケート調査結果によると215人から回答が得られ、回答者の3人に2人にあたる67%が「裁判に参加して心理的負担やストレスを感じた」と答え、また15%は「今でも心理的な負担を感じている」と答えたとのことです。裁判員経験者ネットワークのこころの負担に関するアンケート調査でも、約7割が負担を感じたことが明らかになり、「人の運命を決めること」、「裁判員候補者であることを公表できないこと」、「守秘義務の範囲が不明確であること」等が主要な要因とされました。

（2）市民参加視点の弊害

市民の司法参加の制度なのに、評議における市民の新鮮な意見や貴重な議論等の情報が社会に伝わりません。また、評議の適正な運営など裁判員制度の運用改善の点検もできません。開かれた裁判所として、市民の目が入ったのに外へ目隠ししているわけで、評議室は社会に対しては閉鎖室になっています。これは市民参加の制度論からの批判で、筆者はこちらの弊害の方が制度として致命的なのに見過ごされやすいとの懸念を抱いています（以下、「市民参加視点の弊害」といいます）。守秘義務に重大な弊害があることは、日弁連や各種市民団体の提言、全国紙の論壇などで多数指摘されています。また、制度開始前の模擬裁判では評議が公開されていたために、評議の進行方法の改善（着席順も裁判官が並んで座る形式から裁判員の間に点在する形式へ改善）がなされ、裁判員の市民としての貴重な意見は法曹三者に反省・研究の機会を与えました。しかし、制度開始後は、非公開なのです。

2　評議の守秘義務の意義

評議における自由な意見表明を保障することが中心的な立法理由といわれています。例えば、「裁判員3番さんは『殺意あり』と言った」ということを判決後に他の裁判員から公表されると思うと、評議の場で自分の意見発表をためらうことにもつながりかねません。他の立法理由としては、裁判の信頼性も挙げられます。ただし、裁判員の職務中に評議の内容を外部に話すことは信頼そのものを害しますが、任務終了後に話すことが信頼性を害すかは議論の余地があります。発言者を特定しての意見公表以外は、構わないともいえるでしょう（意見の多少の数の明示は、信頼性から禁止すべきとの意見もあることは付言しておきます。評議の経過や反対意見があることの公表は、禁止しないことに異論があまりなさそうです）。

3　現在の裁判員法が定める守秘義務の範囲と罰則

（1）評議の秘密（裁判員法70条1項）

①評議の経過　②それぞれの裁判官、裁判員の意見　③評議の際の多数決の数

（2）罰則

6か月以下の懲役または50万円以下の罰金が原則です（裁判員法１０８条）。

4　裁判員法の改正による弊害の除去

守秘義務の弊害の重大性と、守秘義務の立法理由の重要性を比較してみましょう。弊害を軽視する立場からは、守秘義務の立法理由は全て肯定的にとらえられることになります。しかし、弊害を

重く受け止める立場からは、守秘義務の立法理由の核心から外れる部分は緩和していくべきということになります。どちらの立場が裁判員制度の守秘義務のあるべきとらえ方なのでしょうか。裁判員の個人的視点だけに立つと、話せない心理的負担から弊害は大きいといえるでしょうが、負担をあまり強く感じなかった人にとっては、評議について何も話さなければやっかいなことに巻き込まれないから弊害はあまり感じないということにもなります。「守秘義務は裁判員の身を守ることになる」という説明を裁判所で聞いて納得したとの裁判員経験者の体験談は、この視点で理解できるでしょう。しかし、他方で評議の市民参加の視点から見ると、評議は市民の常識に基づく意見の集積なので、社会に伝えるべき情報の宝庫であるということになります。市民の司法参加で市民の目を評議室に入れたのに、守秘義務で目隠しをしてしまっては意味がありません。市民参加の視点からは弊害は極めて重大です。したがって総合すると、弊害の重大さから、守秘義務で規制が許されるのは最も中心的な議論の自由の保障のためだけであるということになるでしょう。そして議論の自由を保障するためには発言者を特定しなければ良いことになります。これを前提にあるべき改正案について述べます。

（1）裁判員法70条の守秘義務規定の改正

この改正案は、裁判員視点の弊害と市民参加視点の弊害の両者を一挙に解決する案です。

①改正案・改正条文

裁判員または補充裁判員であった者が評議の秘密を漏らしても、発言者を特定しない方法であれば守秘義務違反にならないように裁判員法70条を改正する案です。具体的には、裁判員法70条1項の末尾に「但し、発言者を特定しない方法でなされた場合はこの限りでない」を追加する改正条文で対応します。

②改正した場合

・「裁判員の3番さんは、殺意ありの意見だった」↓×

・「判決では死刑だったが、違う意見もあった」↓○

・「最初殺意ありが多数だったが、判決では殺意なしになった」↓○

・「殺意ありとなしは7対2だった」↓○

※現在は上記いずれも守秘義務違反になります。

（2）中立的第三者検証機関の設置と活用

この案は、市民参加視点の弊害除去だけを実現させるものです。

①改正案・改正条文

中立的第三者検証機関を設置し、そこには守秘義務を解除して評議を全て開示でき、その構成員は守秘義務を負い、かつ結果も個人名、事件名は開示しないまま社会に公表して裁判員の市民常識による評議の議論の情報の共有化を実現します。裁判員法70条の2を新設し、「一定の調査機関（政府、最高裁判所、日本弁護士連合会が設置したもの）の調査に応じる場合には裁判員法70条1項の規定も裁判員法102条の接触禁止規定も全て適用除外とする」と規定します。

②改正した場合

評議のブラックボックス化を防ぎ、司法参加した市民による常識に基づく意見等が社会に伝わる調査が可能になります。また、評議が適正に進行したかの検証も可能になります。検証方法としては、ビデオ録画が最も簡明と思います。

●死刑を裁判員が判断することが適当かおよび評決要件

裁判員が究極の刑罰である死刑を判断することが適当でしょうか。また、単純多数決で死刑を選択できることに問題はないのでしょうか。

1　死刑事件の特殊性

死刑は究極の刑罰であり、国家により人の生命を奪う特殊な刑罰です。死刑の存廃をめぐっては国内外で議論があり、廃止国も多数に上っています。裁判員裁判で死刑求刑事件が複数発生し、死刑言い渡し事件もあり、さらに、死刑が執行された案件も生じました。裁判員の心理的負担も重大な懸念事項になっています。

2　死刑を対象事件にするべきか

死刑求刑が予想される事件について、極刑の量刑判断を一般市民にさせることは負担が重すぎるから裁判員裁判の対象から除外すべきではないかとの議論があります。他方で、死刑のような極刑こそ、主権者である市民が直面することによって、死刑制度の存置論・廃止論や、死刑が相当であるとの量刑基準を国民的議論とすることができるとの見解があります。筆者は、評決要件を厳しく改正して、心理的負担のケアも充実させたうえで、やはり対象事件に残すべきではないかと考えています。

死刑の評決要件を厳しくする改正案とは、具体的には、裁判所法77条1項および裁判員法67条1項を改正して死刑の評決要件を全員一致とするものです。改正の理由は、①生命を奪う究極の刑罰であるがゆえに慎重さが必要、②死刑事件における誤判の危険性（誤判の場合、取り返しがつかない）、③死刑の判断基準の曖昧《あいまい》さ（永山事件最高裁判例も具体的には曖昧《あいまい》）、④裁判官、裁判員の負担の軽減等です。袴田事件の第一審判決を新人の左陪席として担当した熊本典道氏は、無罪意見であったにもかかわらず評議において2対1で破れ、死刑判決を書かざるを得なくなり、苦悩し、裁判官を退職して弁護士となり、その後も悩みが消えずに、ついに法曹界から去ることになったことを告白しています。多数決制の場合に負うこととなる一生消えることのない苦悩を一般市民にも強いることは酷に過ぎます。

●まとめ

守秘義務規定の改正は、死刑判決において反対意見もあったことを明らかにできる意味で、裁判員保護の一方策になります。例えば、死刑意見が7名、無期懲役刑の意見が2名であった場合、無期懲役刑の意見だった方は反対意見があったことも言えないまま死刑判決を言い渡した裁判員として一生墓場まで過ごさなくてはならないのに、守秘義務の緩和改正をすれば誰かは言えないが反対意見もあったことは話せることになって救われるでしょう。また、死刑判決が全員一致でないと宣告できないとの改正がなされた場合も、反対意見の人は死刑判決を阻止できる1票になれるわけで苦痛から救われます。現状は、単純多数決で死刑を宣告できるままで、しかも罰則付きの守秘義務規定で反対意見があったことも言えない悲惨な現状であることはおわかりでしょう。

ところで、2018年12月20日付の日本経済新聞の朝刊に、大阪の男女殺害事件の被告人に裁判員裁判で大阪地裁が死刑判決を言い渡した件が報道されました。この記事のなかで注目すべき事実が報じられています。公判は11月21日に結審されたが、結審後裁判員1名と補充裁判員2名から辞任の申し出があり、12月3日までに裁判所がこれを受けて解任したと報じています。地裁は理由を明らかにしていないとされています。さまざまなケースが想定できますが、仮に多数決で死刑判決となることが予想されて、反対意見であった裁判員や補充裁判員は死刑判決を言い渡した裁判体の一員になることを回避したケースだとすれば、上記改正のいずれかがなされていれば辞任は防げた可能性があると筆者は考え、一刻も早い改正の必要性の思いを強くしました。

●最後に読者のみなさまへ

この本は、裁判員制度の百貨店です。各フロアにはこの制度の目玉商品が展示されています。また、裁判員制度の世界をサファリパークのように座席に座ったまま周遊できる擬似体験ツアーでもあります。これまでの裁判員制度の報道や出版物では、成果についてあまり論じられず、裁判員制度で参加する市民が不安を感じる点とか制度での課題を取り出してマイナスイメージを市民に伝えるものが多かったように感じています。成果についても、制度に直接関わってきた裁判員経験者や弁護士、裁判官などから、内側から見た制度の評価について制度施行10年を機会に伝える必要があるとも感じていました。また、裁判員体験をそのまま市民に伝えることで、無用な不安を無くし、裁判員になる内面のきっかけになるとも思っていました。辞退率上昇を既成事実のように報道するだけでは、無用に辞退率上昇に拍車をかけるだけです。課題の指摘と改善の提案も、制度に密着した現場から指摘されるべきなのです。現場で課題を実感できる裁判員経験者、市民団体、現場の法曹三者などの立場から、役所の改正案にも働きかけ、さらに市民制度改革委員会的な動きが必要と思われ、本書がそのきっかけになればと願っています。

このような思いで多くの人たちが関わった本書を、裁判員制度の過去・現在・未来の検討に大いに役立つことを期待し、裁判員ラウンジとして社会という大海に送り出したいと思います。

弁護士　牧野　茂

附録

裁判員制度に関する補足情報

○各地の裁判員裁判の情報など

・地方裁判所ウェブサイト「都・府・県・管内の裁判員制度関連情報」

各地の地方裁判所本庁（都道府県庁所在地と旭川、釧路、函館の計50か所）のウェブサイトの「都・府・県・管内の裁判員制度関連情報」コーナーで、当面予定されている裁判員裁判の事件名と開廷予定日を知ることができます（性犯罪や被告人が20歳未満の事件を除く、地方裁判所により管轄する裁判員裁判実施10支部の情報を含む）。また、裁判員経験者の意見交換会議事録（裁判官、検察官、弁護士、裁判員経験者と報道機関の意見交換と質疑応答の模様、PDFファイル）を閲覧できます。

○関連機関や団体のウェブサイト

・最高裁判所「裁判員制度」

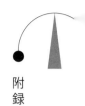

裁判員制度の概要、法規、動画のほか、各年の裁判員経験者・市民アンケート結果や、各月の裁判員裁判実施状況など。http://www.saibanin.courts.go.jp/index.html

・法務省「御協力　お願いします　裁判員」

裁判員制度に関する教材、動画など。http://www.moj.go.jp/keiji1/saibanin_index.html

・日本弁護士連合会「裁判員制度」

裁判員制度に関するクイズ、裁判員経験者の声や、世界の市民の司法参加制度の紹介など。https://www.nichibenren.or.jp/ja/citizen_judge/index.html

・裁判員経験者ネットワーク

東京で活動し、弁護士や臨床心理士が主体。年に5回程度、原則日曜日午後に非公開の裁判員経験者交流会を開催。https://saibanin-keiken.net/

・裁判員ネット（一般社団法人裁判員ネット）

東京で活動。大学生や弁護士が主体。裁判員裁判の傍聴と模擬評議などの活動。年に2回（5月、11月）、原則日曜日午後に公開のフォーラムを開催。http://www.saibanin.net/

・裁判員ACT（〝裁判員ACT（アクト）〟裁判への市民参加を進める会）

大阪で活動し、市民や弁護士が主体。年に数回、傍聴カフェ（裁判員裁判傍聴会）、学習会、裁判員経験者の体験談を交えた意見交換会などを実施。

http://osakavol.org/08/saibanin/index.html

https://www.facebook.com/saibaninact.osakavol/

・ＬＪＣＣ（Lay Judge Community Club～裁判員経験者によるコミュニティ）

東京のほか、各地で活動。裁判員経験者が主体。年に数回、刑務所等の見学会、大学の講義等での講演や各地で裁判員経験者交流会を開催。https://www.facebook.com/LJCC3181/

・インカフェ九州（裁判員交流会　インカフェ九州）

福岡で活動し、裁判員経験者や市民が主体、年に数回交流会を開催

https://www.facebook.com/incafekyushu/

・市民の裁判員制度めざす会

名古屋で活動。市民や弁護士が主体。模擬裁判の開催など。http://blog.livedoor.jp/saibanin_jp/

・裁判員ラウンジ

東京で活動。専修大学法社会学ゼミナールが主体。原則3か月に1回のペースで開催。

http://www.saibanhou.com/lounge.html

○裁判員制度に関する書籍（主なもの）

・池田修・合田悦三・安東章『解説裁判員法（第3版）立法の経緯と課題』（弘文堂、２０１６年）

裁判員制度を定める裁判員の参加する刑事裁判に関する法律の解説書。

・竹田昌弘『知る、考える　裁判員制度』（岩波書店、２００８年）

裁判員裁判が始まる直前の概説書。

・田口真義［編著］『裁判員のあたまの中―14人のはじめて物語』（現代人文社、2013年）

裁判員経験者のインタビュー集。

・五十嵐二葉『こう直さなければ裁判員裁判は空洞になる』（現代人文社、2016年）

裁判員裁判の運営を踏まえた刑事訴訟法上の問題点と改善策を論じる研究書。

・濱田邦夫・小池振一郎・牧野茂［編著］『裁判員裁判のいま―市民参加の裁判員制度7年経過の検証』（成文堂、2017年）

裁判員経験者ネットワークの活動報告や実施した裁判員経験者アンケート調査結果など。

○海外の市民の司法参加制度に関する書籍（主なもの）

・四宮啓『O・J・シンプソンはなぜ無罪になったか―誤解されるアメリカ陪審制度』（現代人文社、1997年）

・ニール・ヴィドマー＆ヴァレリー・ハンス（丸田隆［代表編訳］）『アメリカの刑事陪審―その検証と評価』（日本評論社、2009年）

・ジョン・ガスティル他（ダニエル・H・フット［監訳］）『市民の司法参加と民主主義―アメリカ陪審制の実証研究』（日本評論社、2016年）

○法廷および評議室のイメージ図

・裁判員裁判の法廷イメージ

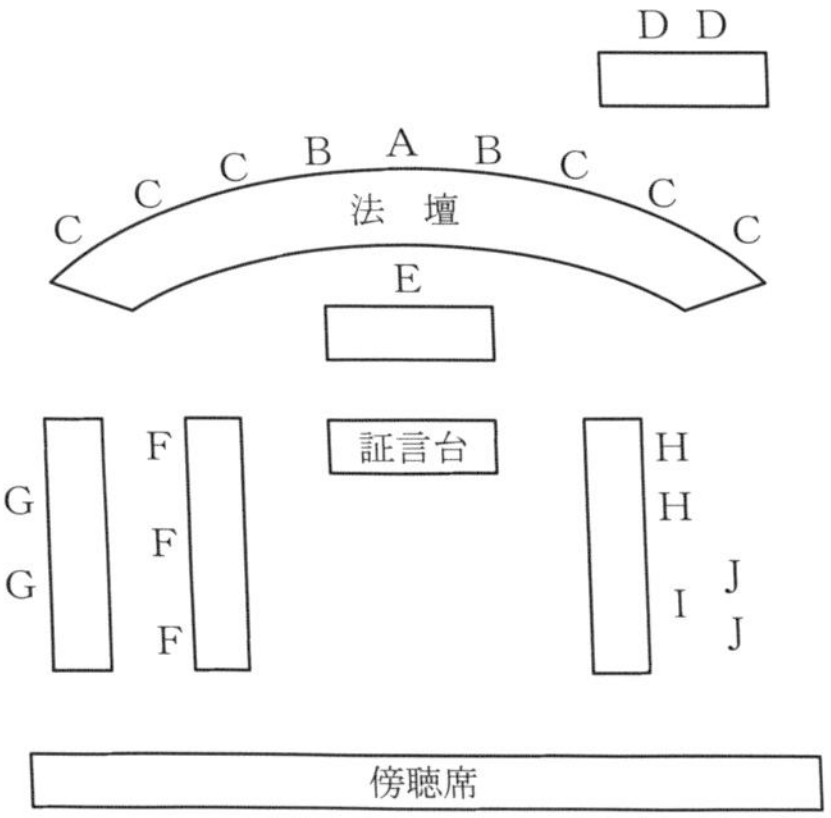

A ：裁判長

B ：裁判官

C ：裁判員

D ：補充裁判員

E ：書記官

F ：検察官

G ：被害者参加人・被害者参加弁護士

H ：弁護人

I ：被告人

J ：刑務官

・裁判員裁判の評議室イメージ

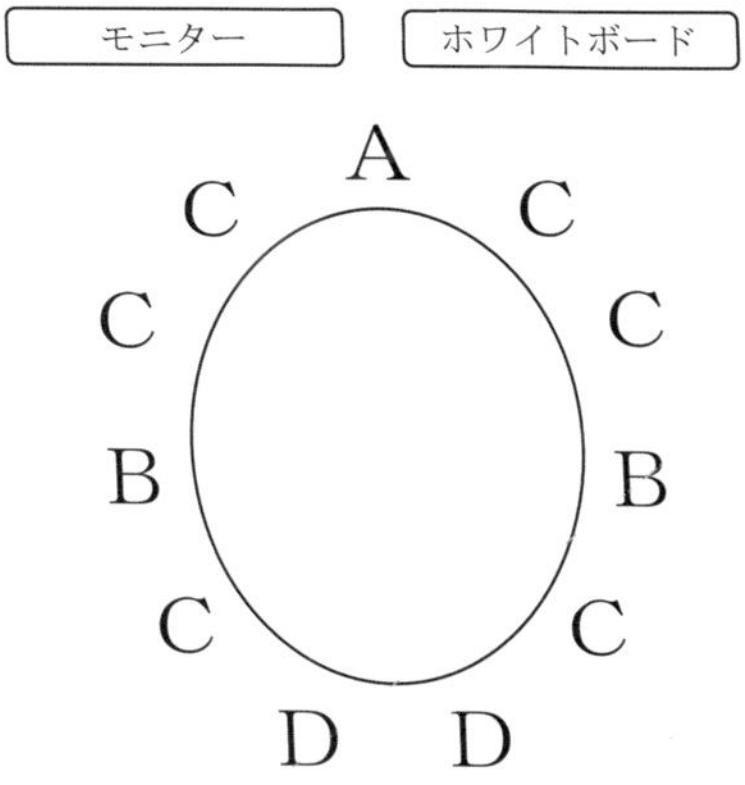

A ：裁判長

B ：裁判官

C ：裁判員

D ：補充裁判員